Francisco Asensio Cerver

PASTELL MALEREI

für Einsteiger

KÖNEMANN

Bonner Straße 126
D-50968 Köln

Originaltitel: Pastel
Redaktionelle Leitung, Text und Layout: Arco Editorial, S.A.

Übersetzung aus dem Spanischen: Martina Görlitz, Christian Rauer (für Delius Producing Berlin)
Redaktion und Satz der deutschen Ausgabe: Doris Dietrich, Juliane Baron (für Delius Producing Berlin)
Covergestaltung: Peter Feierabend, Claudio Martinez
Herstellungsleitung: Detlev Schaper
Druck und Bindung: EuroGrafica
Printed in Marano Vicenza, Italy

ISBN 3-8290-1926-2

INHALT

Materialien

KURZE GESCHICHTE DER PASTELLMALEREI

Die Pastellmalerei ist eine auf das 18. Jahrhundert zurückgehende Technik, obwohl bereits vorher viele Maler ähnliche künstlerische Methoden verwendet haben. Der besondere Charakter des Pastells führte dazu, daß mehr und mehr Künstler die Pastellmalerei als eigenständige künstlerische Gattung neben der Ölmalerei anerkannten. Zu den großen Künstlern, die Pastellkreiden in ihren Werken verwendeten, zählen unter anderem Rosalba Carriera, Edgar Degas, Edouard Manet, Odilon Redon und Pablo Picasso.

Je nach Absicht des Künstlers kann die Pastellmalerei unter rein zeichnerischen Aspekten oder als eine völlig eigene Malweise betrachtet werden. Das besondere an dieser Technik ist, daß sie eine Verbindung von Zeichnen und Malen darstellt. Auf diesen ersten Seiten werden wir ein breites Sortiment an Produkten vorstellen, von denen einige zur technischen Ausführung absolut notwendig sind, andere der Detailarbeit dienen. Der Malende muß sich nicht alle hier vorgestellten Materialien anschaffen; wichtig ist, daß er sie kennt und entscheiden kann, welche Werkzeuge und Ausstattung von Fall zu Fall am effektivsten sind.

Die Pastellmalerei ist eine Technik, die wie jede andere künstlerische Methode erlernt werden kann. Tatsächlich konzentrieren sich die ersten Übungen in diesem Buch auf zeichnerische Aspekte und die Möglichkeiten des Pastells innerhalb dieser Technik. Für den Anfang reichen ein oder zwei Pastellfarben und ein Zeichenblock aus, die in jedem Geschäft für Künstlerbedarf erhältlich sind.

▲

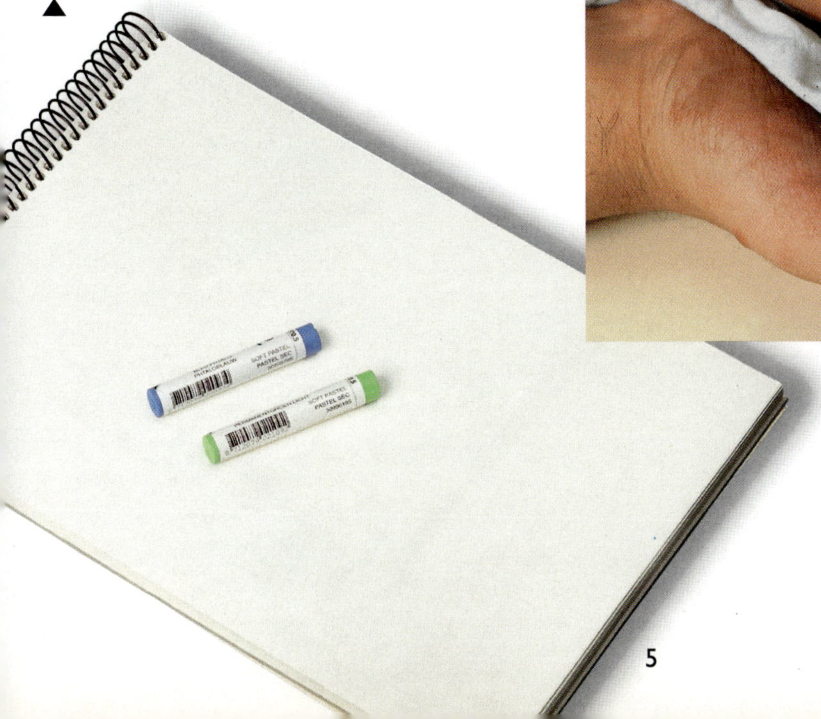

▼

Der Zeichenschüler wird bald feststellen, daß Pastell ein relativ poröses Material ist. Es erlaubt das Verwischen des Striches auf dem Papier – allerdings können die Farben deshalb auch leicht verunreinigt werden. Aus diesem Grund sollte man von Anfang an einen Lappen zum Säubern der Finger bereit legen.

DIE PASTELLKREIDE

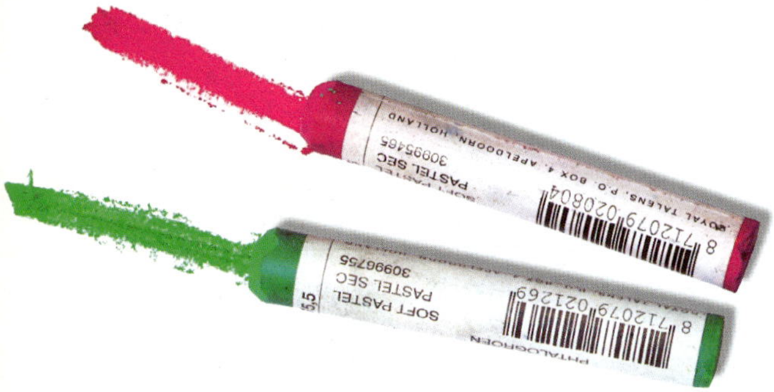

Die Pastellkreide setzt sich aus Farbpigmenten und Gips oder weißer Kreide zusammen, die durch Gummiarabikum gebunden werden. Das Gemisch der drei Bestandteile wird geformt und getrocknet. Die Zusammensetzung ist im Vergleich mit anderen Zeichenmaterialien sehr einfach. Der Malende kann jedoch eine große qualitative Bandbreite von Pastellfarben auf dem Markt finden.

▶ *Wenn Sie mit der Pastelltechnik beginnen, ist es wichtig, Materialien von hoher Qualität zu verwenden. Gute Pastellkreiden haben eine hohe Leuchtkraft, zerbröckeln und zerbrechen leicht.*

▼ *Bei diesen farbigen Stäbchen handelt es sich um harte Pastellkreiden. Sie werden in einem sehr beschränkten Farbsortiment angeboten. Harte Pastellkreiden ermöglichen eine genauere Strichführung, sind aber nicht so vielseitig einsetzbar wie die weichen. Der Farbverlauf der harten Kreiden ist begrenzter als der von weichen Kreiden. Sie sind ideal zum Skizzieren und Ausführen von Details.*

▶ *Ölkreiden sind dichter und fettiger als herkömmliche Pastellkreiden. Sie können für alle herkömmlichen Pastellanwendungen benutzt werden, ihr Farbverlauf ist jedoch ungleichmäßiger, da sie mit Öl gebunden werden. Sie lassen sich deshalb gut mit Ölfarben mischen, und man kann verschiedene Effekte erzielen, wenn die Striche mit Terpentinöl verdünnt werden.*

◀ *Hier sehen Sie, wie Pastellkreiden mit Leinsamenöl oder Ölfarbe gemischt werden.*

FARBSORTIMENTE

Pastellkreiden enthalten einen neutralen Bestandteil, der dem Stäbchen eine bestimmte Härte verleiht. Dieser Stoff ist Kreide aus Spanien. Obwohl es sich also um ein weißes Material handelt, hat es keine färbenden Eigenschaften, da die Kreide selbst nicht malt. Sie kann jedoch die Leuchtkraft des Farbpigments beim Vermischen der Farben untereinander stören, wie wir im Verlauf der verschiedenen Kapitel sehen werden. Zum Vermeiden dieser negativen Mischeffekte werden die Pastellkreiden in so breiter Farbauswahl hergestellt, daß ein Mischen von Farben unnötig wird.

◀ *Beim Vermischen von Pastellfarben wird die Farbreinheit beeinträchtigt. Der Kreideanteil, der den Farben Stabilität verleiht, kommt zur Wirkung und nimmt den Pastellfarben Leuchtkraft und Frische. Das Bild verdeutlicht diese Reaktionen.*

Das Farbsortiment für Pastellkreiden ist so groß, daß sich jeder Künstler eine seinen Wünschen perfekt angepaßte Palette zulegen kann. Für den Anfang genügt es, auf einen einfachen Kasten zurückzugreifen (siehe unten). ▲

◀ *Sie können in Fachgeschäften spezielle Farbsortimente für die einzelnen Zeichengebiete wie beispielsweise die Porträtmalerei finden.*

ANDERE PASTELLSORTEN

Pastellkreiden können Sie in verschiedenen Formen kaufen. Viele Künstler bevorzugen eine individuelle Farbzusammenstellung, weswegen Geschäfte für Künstlerbedarf eine große Produktpalette anbieten. Andere Maler hingegen arbeiten ausschließlich mit handelsüblichen Farbsortimenten.
Nicht alle Sorten von Pastellkreiden werden in großer Farbpalette angeboten; einige großformatige Pastellsorten werden nur in einem beschränkten Farbsortiment angeboten. Neben den stabförmigen Pastellkreiden sollten auch Pastellstifte erwähnt werden. Sie haben die gleichen Eigenschaften wie Pastellkreiden, können aber auch wie reguläre Farbstifte benutzt werden.

▼ *Dicke Kreiden. Diese Art von Pastellkreiden ist nicht besonders verbreitet. Der Durchmesser der Kreiden ist größer als gewöhlich. Sie werden meist aus besonders hochwertigen Materialien hergestellt. Die Farbauswahl ist sehr beschränkt und der Preis – der Größe und Qualität angemessen – relativ hoch. Diese Pastellkreiden werden von Profis benutzt, die großformatiges und schwungvolles Arbeiten schätzen.*

Spezialfarben. Pastellkreiden werden heutzutage in allen Farbschattierungen hergestellt, einschließlich schillernder Gold- und Silberfarben. Im Unterschied zu anderen Zeichenmitteln zeichnen sich diese Kreiden durch Frische und große Leuchtkraft aus.

▶ *Pastellstifte. Man kann sie einzeln oder in Kästen kaufen. Die Farbpalette ist so breit gefächert wie bei herkömmlichen Kreiden. Wie bereits erwähnt, sind Pastellkreiden sehr leicht zerbrechlich. Dies gilt in noch größerem Maße für Pastellstifte. Jeder Stoß kann die Mine zerbrechen. Deshalb ist es sehr wichtig, Stifte mit qualitativ hochwertiger Mine und Holzmantel zu benutzen. Minderwertiges Holz kann beim Spitzen der Stifte zu einem Bruch der Mine führen.*

SAUBERKEIT

Wenn Sie mit der Pastellmalerei beginnen, werden Sie zunächst feststellen, daß Pastellkreiden sehr leicht zerbrechen. Nagelneue Kreidestäbchen verwandeln sich rasch in eine Unmenge von kleinen Bruchstücken, die sehr schnell verschmutzen, wenn sie miteinander in Berührung kommen. Bei der Pastellmalerei ist deshalb die Sauberkeit der eigenen Hände und der Zeichenkreiden eine Grundvoraussetzung.

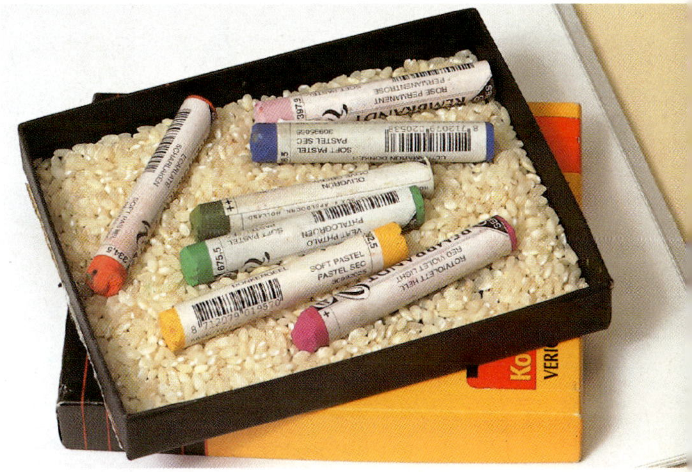

▼ *Pastellkreiden zeichnen sich durch große Farbreinheit aus. Ein Kontakt verschiedener Kreiden bewirkt, daß sie leicht verschmutzen. Deshalb sollten die Kreiden vor dem Benutzen gesäubert werden. Eine gute Methode, um einzelne Pastellkreiden während eines Transportes zu reinigen, ist, sie in eine Schachtel mit Reiskörnern zu legen. Durch die Bewegung der Schachtel entsteht Reibung, die die Pastellkreiden sauberhält.*

▶ *Eine Schachtel wie diese ist geeignet, um lose gekaufte Pastellkreiden aufzubewahren. Die Schachtel sollte kleine Fächer haben, um die Kreiden entsprechend der Farbpalette anzuordnen und um zu verhindern, daß sie aneinanderstoßen und sich so gegenseitig abreiben und verschmutzen.*

◀ *Ein Schaumgummiboden mit Rillen ist die beste Lösung für die Lagerung von Pastellstäbchen im Kasten. Neue Kreiden wie auch Bruchstücke sind durch das Polster gut geschützt. Sie rutschen nicht lose in der Schachtel umher und bleiben so sauber. Außerdem ermöglicht der Schaumgummiboden einen guten Überblick über die vorhandene Farbpalette.*

HERSTELLUNG VON KREIDE

▶ *1. Zur Herstellung einer Pastellkreide brauchen Sie die folgenden Utensilien und Zutaten: Spachtel zum Vorbereiten der Paste (1), Spachtel zum Einrühren der Farbe ins Gefäß (2), Gefäß für die Herstellung des Bindemittels (3), Farbpigmente (4), ausgefällte Kreide (5), Gummiarabikum (6), Wasser (7) und eine glatte Oberfläche wie Marmor, Glas oder eine große Mischpalette (8).*

Dies ist ein wichtiger Aspekt der Pastellmalerei, denn er hilft uns die verschiedenen Qualitätsmerkmale von Kreiden besser einzuschätzen und zu verstehen. Bei allen Arten der Zeichen- und Malkunst ist es wichtig, daß der Schüler weiß, wie das von ihm benutzte Arbeitsmittel hergestellt wird. Er sollte auch in der Lage sein, eigene Farben herzustellen, wenn er es möchte. Im allge-meinen erweist sich die Herstel-lung der Pastellfarben als keine schwierige, aber sehr aufwendige Arbeit. Sie setzt auch gewisse Erfahrung voraus, um zufrieden-stellende Ergebnisse zu erzielen.

▶ *2. In dem Gefäß stellen Sie das Bindemittel her. Dazu mischen Sie Wasser und Gummiarabikum. Das richtige Verhältnis besteht in einigen Tropfen Gummiarabikum auf einen Eßlöffel Wasser. Nicht jeder Farbton erfordert allerdings das gleiche Verhältnis. Die Mischung muß gut verrührt werden, damit sich das Gummiarabikum und Wasser vollständig und gleichmäßig vermengen.*

Die hier gezeigte Verfahrensweise kann auch bei Pastellresten angewandt werden, das heißt bei kleinen Bruchstücken. Sie pulverisieren sie in einem Mörser, ohne Kreide hinzuzufügen. Das entstandene Pulver wird mit einer Lösung aus einem Eßlöffel Wasser und zwei Tropfen Gummiarabikum vermischt.

▶ *3. Vermischen Sie nun die ausgefällte Kreide mit dem Bindemittel. Falls die Masse zu trocken ist, muß etwas Wasser hinzugefügt werden, bis eine geschmeidige Paste entsteht. Rühren Sie nun das Farbpigment ein. Fügt man zuviel ausgefällte Kreide hinzu, wird die Pastellkreide brüchig. Nachdem Sie ein Stäbchen geformt haben, legen Sie dieses auf Papier und lassen es einige Tage trocknen. Die Kreide ist nun fertig zur Benutzung.*

UNTERLAGEN FÜR DIE PASTELLMALEREI

Im allgemeinen wird mit Pastellkreide auf Papier gezeichnet. Dies geschieht jedoch meist aus Gewohnheit und nicht aus technischer Notwendigkeit, denn mit Pastellkreiden können die verschiedensten Unterlagen bemalt werden. Obwohl sich die meisten Übungen in diesem Buch mit dem Zeichnen auf Papier beschäftigen, sollten Sie darüber hinaus auch andere Malunterlagen für die Arbeit in Betracht ziehen. Auch auf weniger traditionellen Zeichenflächen lassen sich interessante und attraktive Ergebnisse erzielen.

◀ *Malen auf Karton. Karton ist preisgünstig. Sie können ihn kaufen oder herkömmliche Verpackungs- und Füllmaterialien wie Wellpappe, Hartpappe, Mischkarton etc. benutzen. Die Kartonoberfläche ist sehr porös und saugfähig; Pastellkreide haftet darauf hervorragend. Die Pastellfarben leuchten besonders intensiv auf farbigen und stark strukturierten Kartonunterlagen.*

▼ *Malen auf Holz und aufgezogenem Karton. Holz ist als Oberfläche zum Malen mit Pastellkreide ideal. Der Vorteil dieses Maluntergrunds liegt in der Härte seiner Oberfläche und in seiner besonderen Struktur. Eine weitere harte Unterlage, die sich bestens für die Pastellmalerei eignet, ist aufgezogener Karton. Er ist in Geschäften für Künstlerbedarf erhältlich und wird in großer Formenvielfalt angeboten.*

▼ *Präparierte Leinwände. Geschäfte für Künstlerbedarf bieten eine beachtliche Auswahl an präparierten Leinwänden. Sie werden als Meterware verkauft oder einzeln auf Rahmen aufgezogen. Für die Pastellmalerei ist es eher angebracht, lose Leinwand zu kaufen und sie wie Papier zu benutzen. Zum Malen auf Leinwand oder Papier benötigen Sie eine feste Unterlage sowie Reißzwecken, Klemmen oder Klebeband.*

▼ *Farbiges Papier. Es wird für die Pastellmalerei am häufigsten benutzt. Die bekannten Hersteller bieten eine große Papiervielfalt an, in allen Farben und Tönen. Sie sollten mit einigen erd- und tabakfarbenen Blättern beginnen, bevor Sie sich den intensiveren, anspruchsvolleren Farben widmen. Die Farbe des Maluntergrunds spielt eine wichtige Rolle bei der Entstehung einer Zeichnung, da sie einen Teil der benutzten Farbskala darstellt.*

DER UNTERGRUND: PAPIER

Da Pastellkreide ein deckendes und trockenes Zeichenmittel ist, kann man damit auf einer Vielzahl von Unterlagen malen. Papier bietet als Maluntergrund zweifellos die meisten Vorteile. Jede Sorte von Papier kann verwendet werden. Allerdings ist es empfehlenswert, speziell für die Pastellmalerei hergestelltes Papier zu benutzen, da es die Schönheit der Strichführung und der Farbeffekte unterstreicht.

▼ *Aquarellpapier. Aquarellpapier läßt sich gut für die Pastellmalerei nutzen, da es einen geeigneten Absorptionsgrad aufweist. Sie können zwischen vielen Sorten wählen. Aquarellpapier mit mittlerer bis starker Körnung erzielt die besten Resultate.*

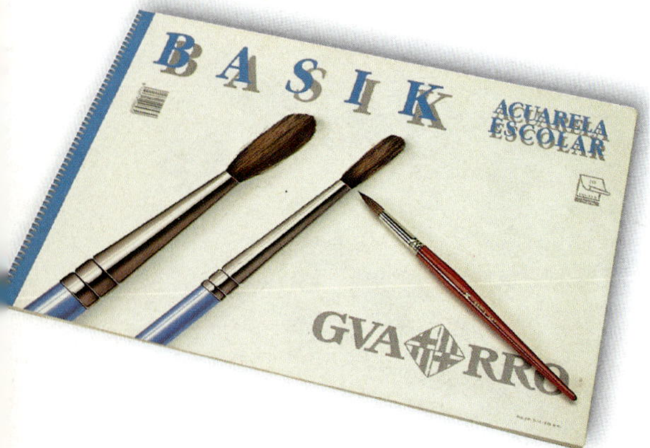

▼ *Zeichenpapier. Ein Zeichenblock ist eine gute Ergänzung für Farbproben und Skizzen.*

◀ *Handgefertigtes Papier. Seine Struktur ist unregelmäßig, was den Arbeiten darauf eine besondere Note verleiht. Obwohl sich diese Papiersorte nicht besonders für den Anfänger eignet, kann er es doch für gelegentliche Übungen benutzen. Auf diesem Foto sehen Sie einige ausgefallene und originelle Formate.*

DIE PAPIERKÖRNUNG

Bei einer so direkten Kunstform wie der Pastellmalerei sind die Eigenschaften des Maluntergrundes für die Entstehung eines Bildes von großer Bedeutung. Neben der Farbe ist Oberflächen-struktur ein wichtiges Merkmal von Zeichenpapier, auf das Sie beim Kauf achten sollten. Die Textur entsteht während des Herstellungsprozesses, wenn das Papier noch ein weicher Brei ist. Wird das Papier in diesem Zustand auf ein stark geprägtes Sieb gepreßt, nimmt es dessen Struktur an. Die Papiertextur ist auch als Körnung bekannt.

Neben handgeschöpftem Papier kann man auch grobkörniges Papier kaufen, das sehr viel billiger ist. Die Strichstruktur wird auf diesem nicht so fein erscheinen. Man kann dennoch, wie Sie im entsprechenden Kapitel sehen werden, Formen von großer plastischer Ausstrahlungskraft erarbeiten.

▲

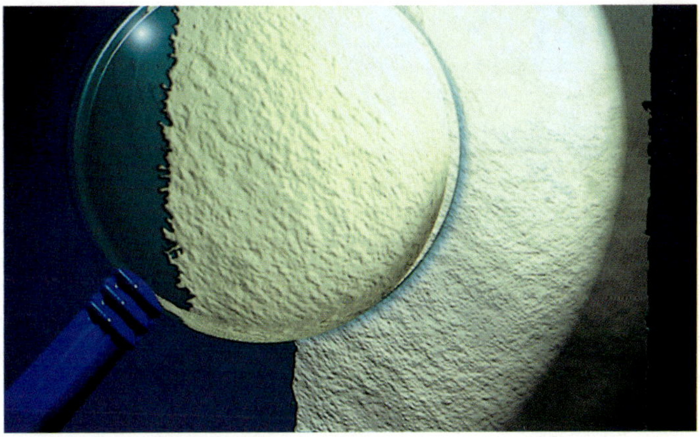

▼ *Der Papierkörnung kann bei der Gestaltung eine besondere Bedeutung zukommen, wenn der Künstler es versteht, sie entsprechend zu nutzen. Die Pastellfarbe erlaubt auf dem Papier endlose Effekte, bei denen mit der Körnung gespielt werden kann.*

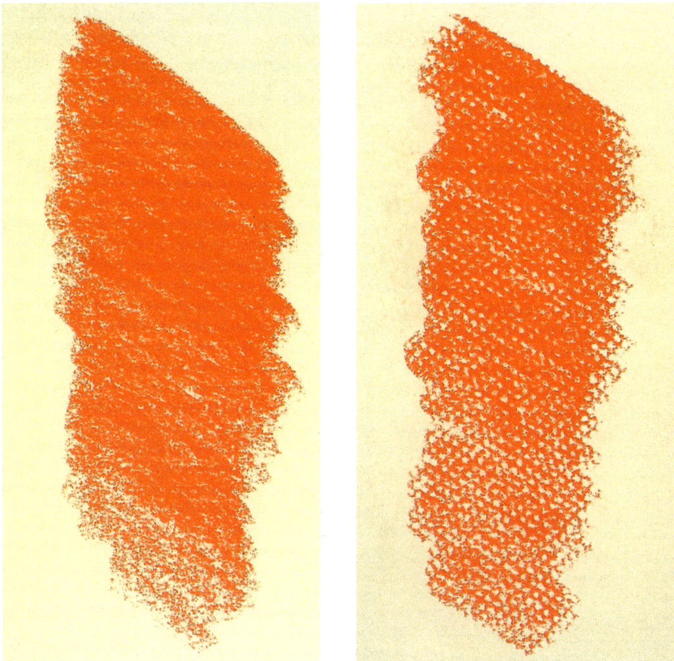

▼ *Im allgemeinen hat das industriell hergestellte Papier zwei unterschiedliche Oberflächenstrukturen, eine glattere und eine rauhere. Die glattere Fläche läßt den Strich mit Pastellkreide im Vordergrund stehen. Auf dieser Seite können Sie malen, ohne daß die Arbeit durch die Körnung beeinflußt wird (links oben). Beim Umdrehen des Papiers werden Sie feststellen, daß sich die Textur stark verändert. Der Untergrund ist rauh und zeigt eine gröbere Papierkörnung (rechts oben). Diese Oberfläche eignet sich am besten für die Pastellmalerei, da sie nicht nur die Farben der Pastellkreide wirken läßt, sondern auch die Darstellung von Strichen und Farbflächen durch ihre Textur mitgestaltet.*

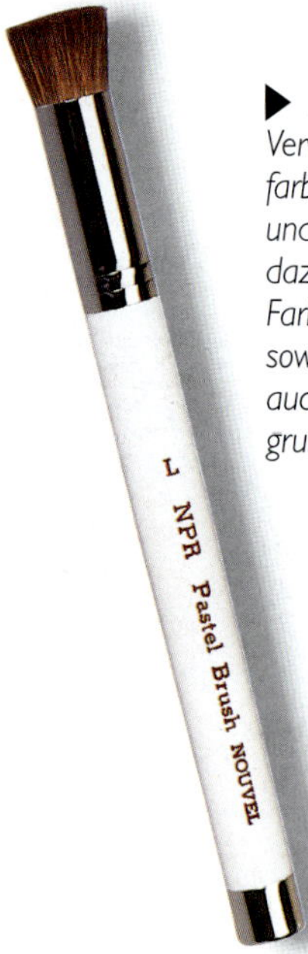

▶ *Spezieller Pinsel zum Verwischen der Pastellfarbe. Der Pinsel ist rund und völlig gerade. Er dient dazu, die verschiedenen Farben zu vermalen, sowohl miteinander als auch mit dem Maluntergrund.*

WISCHER

Die Pastellfarbe hat keine Eigenhaftung. Einmal auf das Papier aufgetragen, ist sie außerordentlich berührungsempfindlich. Gerade diese Instabilität ermöglicht es, die Farben auf dem Papier zu vermalen und zu verschmelzen. Durch die Farbvermalung können Sie – ausgehend von einem Strich oder einer Schattierung – eine einheitliche Fläche kreieren, auf der einzelne Striche und die Papiertextur nicht mehr sichtbar sind. Es gibt viele Arten, Farben zu vermalen. Die Finger sind im allgemeinen das geeignetste Werkzeug.

▼ *Papierwischer. Dies sind saugfähige zusammengerollte Papierstäbe, die feste, kegelförmige Spitzen haben. Papierwischer können unterschiedlich verwendet werden. Sie können mit der Spitze zeichnen, nachdem diese in Pastellpulver eingetaucht wurde. Außerdem helfen die Wischer, Striche zu verschmelzen und leicht haftbare Farbbereiche zu entfernen.*

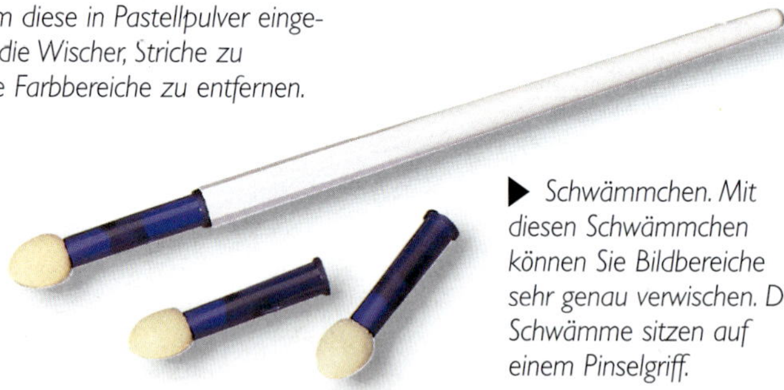

▶ *Schwämmchen. Mit diesen Schwämmchen können Sie Bildbereiche sehr genau verwischen. Die Schwämme sitzen auf einem Pinselgriff.*

▶ *Fächerförmige* ◀ *Pinsel. Sie erleichtern das Säubern von Bildbereichen, die durch feines Pastellpulver, das sich beim Malen ablöst, fleckig geworden sind. Fächerförmige Pinsel ermöglichen auch ein Verwischen und Verschmelzen der Pastellfarben.*

◀ *Wenn Sie Kreidepulver auf dem Papier ohne Pastellstäbchen verwischen wollen, können Sie die hier gezeigten Werkzeuge nehmen oder auf ein Stück feines Sandpapier zurückgreifen. Sandpapier wird auch zum Abschleifen von Rändern und Ecken verwendet.*

FIXATIV

Als trockenes Zeichenmedium ist Pastellkreide sehr instabil gegenüber Berührungen jeglicher Art. Das heißt, daß die Pastellmalerei ein ausgesprochen empfindliches Zeichenverfahren ist. Trotzdem wird als Grundregel empfohlen, Pastellbilder nicht zu fixieren. Es gibt zwar Fixativ in Sprayform, das bei richtiger Nutzung einzelne Farbschichten in den ersten Zeichenetappen sichern kann. Trotzdem dürfen die ernsten Nachteile dieser Hilfsmittel für die Pastellbilder nicht vergessen werden.

Im Fachhandel für Künstlerbedarf gibt es eine Vielzahl von Produkten zum Fixieren von Pastellzeichnungen. Hier werden kurz einige vorgestellt. Die einschlägigen Hersteller von Malartikeln bieten qualitativ hochwertiges Fixativ an. Sie sollten beim Kauf eines Sprays darauf achten, daß es keine schädlichen Stoffe für Atmosphäre und Umwelt enthält. Technische Einzelheiten können Sie dem Etikett an der Sprayflasche entnehmen.

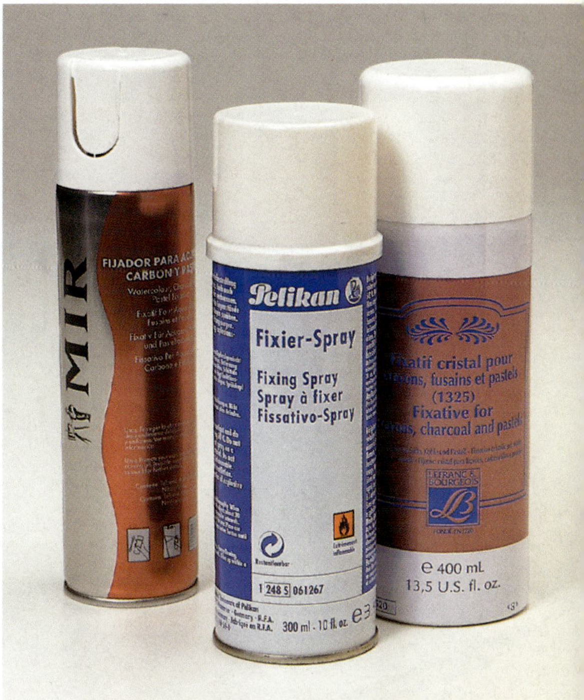

Betrachten Sie den Unterschied der Farben eines Bildes ohne und mit Fixiermittel. Auf der linken, unbehandelten Seite läßt sich eine große Farbfrische und Ursprünglichkeit in der Strichführung feststellen. Im fixierten Bildbereich hat sich die Farbe dagegen zusammengezogen und verklebt. Dieses Beispiel verdeutlicht die Wirkung von Fixativen auf Pastellwerke.

Fixiermittel sollten niemals für ein fertiges Pastellbild benutzt werden, da sonst die Farbe dunkler und der frische Gesamteindruck beeinträchtigt werden. Sie können ein Fixativ während des Malprozesses anwenden, immer nach Abschluß einer Phase in der Bildgestaltung. Beispielsweise kann man die Vorzeichnung fixieren, nachdem sie vollständig angelegt ist. Nach der Benutzung des Fixativs werden neue Farbauftragungen die bereits gestaltete Zeichnung nicht mehr verändern oder beeinträchtigen. Der Fixierabstand sollte mindestens 30 cm betragen, es genügt ein leichtes Benetzen der Zeichnung zur Stabilisierung der Farbe auf dem Papier.

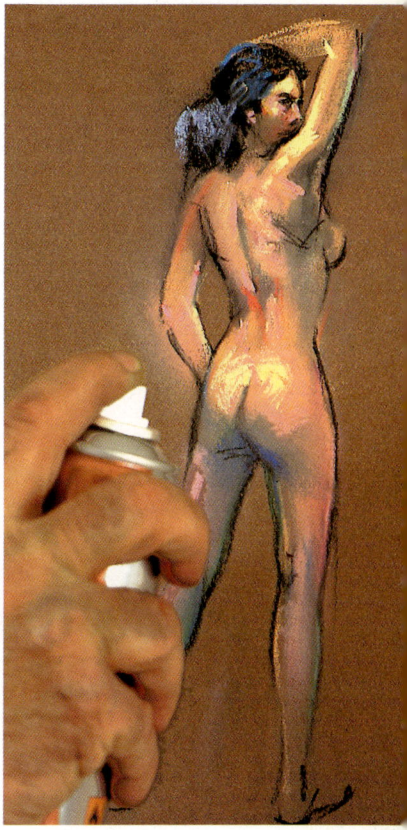

RAHMEN UND LAGERUNG DER ARBEITEN

▼ *Jedes fertige Pastellbild reagiert äußerst empfindlich auf Berührungen der Maloberfläche. Das bedeutet jedoch nicht, daß Pastellbilder grundsätzlich keine lange Lebensdauer haben. Tatsächlich können Sie sehr lange Zeiträume unbeschadet überstehen, wenn Sie angemessene Vorkehrungen für die Aufbewahrung treffen. Pastellbilder sollten in einer Mappe zwischen zwei Seiten Seidenpapier gelegt oder aber mit einem sauberen Blatt bedeckt werden, das die Bildoberfläche schützt. Sie dürfen die gelagerten Pastellzeichnungen nicht bewegen, um eine Abreibung der Oberfläche zu vermeiden. Wenn Bilder über einen längeren Zeitraum aufbewahrt werden sollen, empfiehlt es sich, ein Säckchen mit einem Mittel gegen Feuchtigkeit in die Mappe zu geben, um Schimmelbildung zu verhindern.*

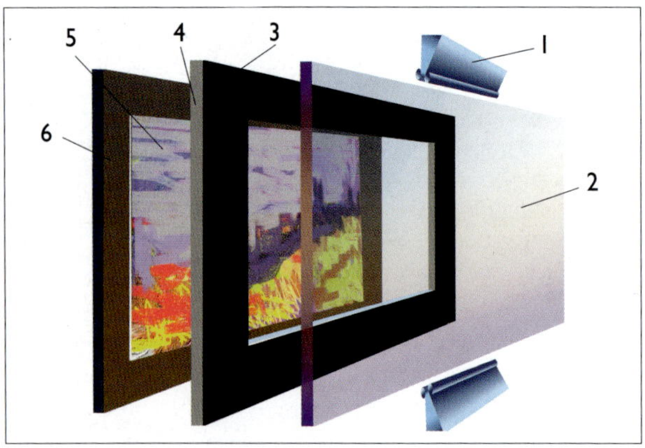

Wie wir gesehen haben, ist die Pastellmalerei eine reizvolle Zeichentechnik, die viele künstlerische Möglichkeiten birgt. Allerdings sind Pastellbilder ausgesprochen berührungs- und reibungsempfindlich. Um der fertiggestellten Arbeit ein langes Leben zu garantieren, sollte sie entsprechend gerahmt und aufbewahrt werden. Wenn Sie nicht die nötige Sorgfalt walten lassen, können die künstlerischen Arbeiten leicht beschädigt werden.

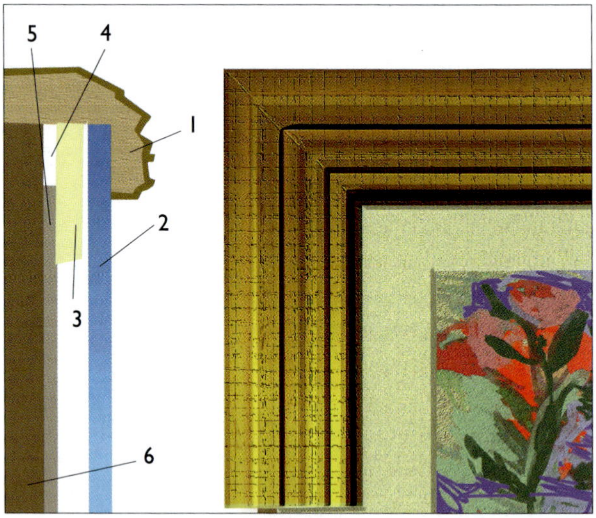

▼

In diesen Darstellungen sehen Sie das fachgerechte Rahmen einer Pastellarbeit. Die Zeichenoberfläche darf nie in direkten Kontakt mit der Glas- oder Plastikoberfläche kommen. Ein besonderer Karton – Passepartout genannt – wird zwischen Pastell und Glas gelegt. Dadurch wird das Bild nicht nur geschützt, sondern auch ansprechend eingerahmt. Im Fachhandel erhalten Sie Passepartouts in unterschiedlichen Formen und Farben. Sie können an eine Reihe von Bildgrößen angepaßt werden. Die Pastellarbeit muß auf einer Unterlage befestigt werden, damit sie sich nicht im Rahmen bewegen kann. Dazu sollten Sie etwas pH-neutralen Klebstoff verwenden, der das Papier nicht beschädigt. Rahmen (1), Glas (2), Passepartout (3), Luftkammer (4), Pastellbild (5) und Untergrund aus Sperrholz (6).

▶ *Dies ist die einfachste und billigste Variante, ein Pastellbild zu rahmen. Sie benutzen dabei Spezialklammern. Sie brauchen jedoch auch in diesem Fall ein Passepartout, da die starre Glas- oder Plastikoberfläche das Papier keinesfalls berühren darf. Klammern (1), Glas (2), Passepartout (3), Luftkammer (4), Pastellbild (5) und Untergrund aus Sperrholz (6).*

THEMA

1 Striche und Flächen

Die Pastellmalerei ist eine künstlerische Technik, die Ihnen eine breite Skala an Hilfsmitteln bietet. In diesem Kapitel lernen Sie die Grundkenntnisse dieser Malmethode kennen. Sie können sich die Grundlagen der Pastellmalerei Schritt für Schritt aneignen. Der Schüler sollte jedoch jede einzelne Übungsstufe sehr bewußt angehen und den Anleitungen genau folgen, da ihm die Hinweise beim Erarbeiten der Malweise sehr behilflich sein können.

ERSTE STRICHE

In dieser Übung lernen Sie die ersten Striche mit Pastellkreide zu ziehen. Sie können die gesamte Oberfläche der Pastellkreide zum Zeichnen oder Malen nutzen. Je nachdem ob Sie Spitze, Breit- oder Längsseiten der Kreidestücke verwenden, können Sie zwischen feinen oder ganz dicken Linien variieren.

1. Sie sollten für die Skizzierung eines Pastellbildes keinesfalls Bleistift oder Kohle verwenden. Mit Pastellkreiden lassen sich sehr saubere und genaue Striche ziehen, so daß Sie auf andere Zeichenmittel verzichten können. Die Strichführung von Pastellkreide ist der von Kohle sehr ähnlich. Beide sind mit ihrer gesamten Oberfläche gut zum Malen geeignet. Pastellkreiden decken jedoch besser als Zeichenkohle und können leicht korrigiert werden.

2. Bei anderen Zeichenmethoden bestimmt die Aufnahmefähigkeit der Pinselborste die Menge der Malfarbe. Bei der Pastellmalerei ist dies nicht der Fall. Sie können bei dieser Technik nur mit der Spitze und den einzelnen Flächen des Kreidestücks malen; eine Ausweitung der Farbe wie bei flüssigen Malmitteln ist nicht möglich. Die Grundlage der Pastellzeichnung sind Striche und Schraffuren. Sie können breit sein wie ein ganzes Kreidestück oder sehr fein wie die Spitze eines Stäbchens.

▲ 1. *Wenn Sie die ersten Striche ziehen, werden Sie erkennen, wie vielseitig das flache Kreidestück ist. Halten Sie ein Stück Pastellkreide, nachdem Sie das Schutzpapier entfernt haben, flach zwischen den Fingern. Dank der Kreideform können Sie problemlos breite Striche ziehen, mit denen Sie jedes Blütenblatt abdecken. Durch eine leichte Drehung verwandelt sich die breite Fläche in einen feineren Strich. Stellen Sie aber die Pastellkreide nicht auf die Spitze, sondern malen Sie mit den Längskanten.*

▼ 2. *Wenn das Kreidestück auf die Spitze gestellt wird, verwandelt sich der Strich in eine feine Zeichenlinie. Sie erreichen dies durch eine leichte Bewegung des Handgelenks und der Finger. Wie Sie auf dem Foto sehen, wurden die Striche für den Blumenstiel und das rechte Blatt sehr frei und zwanglos ausgeführt.*

FEINE LINIEN UND DURCHBROCHENE STRICHE

Sie können mit Pastellkreide viele verschiedene Sorten von Strichen ausführen. Es ist deshalb angebracht, diese vor Beginn der Arbeit kennenzulernen und zu üben. Anhand der hier vorgeschlagenen Aufgaben werden Sie feststellen, daß die Striche unterschiedlich gesetzt werden können; manche als einfache Linien, andere als Flächen. Diese erhalten Sie durch eine leichte Drehung des Handgelenks. Hier sehen Sie die Gestaltung einer Blume; achten Sie bei jedem Schritt genau auf die Strichführung.

▼ 3. *Lernen Sie die Stärke und den Druck der flachgesetzten Striche auf dem Papier zu kontrollieren. Die Farbabtragung beim Zeichnen hängt vom Papier und seiner Textur ab, wird aber auch in hohem Maße durch den Druck der Kreide auf das Papier bestimmt. Die intensiver erscheinenden Bildbereiche entstanden durch stärkeres Aufdrücken der Pastellkreide.*

STRICHFÜHRUNG

Die Art der Strichführung richtet sich bei Pastellbildern danach, welchen Teil der Kreide Sie verwenden. Zeichnen Sie mit der Spitze, entsteht eine gerade oder geschwungene Linie; halten Sie das Kreidestäbchen flach auf dem Untergrund, können Sie rasch breite Flächen abdecken. Auch die Neigung zum Papier spielt eine wichtige Rolle. In dieser Übung werden verschiedene Möglichkeiten der Strichführung praktiziert.

◀

1. Halten Sie ein Stück blaue Kreide flach zwischen den Fingern und ziehen damit einige Schrägstriche. Drücken Sie nicht zu stark auf; das Papier sollte nicht massiv abgedeckt werden. Malen Sie den gesamten blauen Bereich des Himmels aus, die Wolken werden nicht schattiert. Die blaue Fläche rahmt die Weißzone ein und legt damit ihre Form fest. Der untere Teil des Bildes wird auch mit flach gehaltener Pastellkreide ausgeführt, diesmal ziehen Sie allerdings die Linien mit der Längsseite der Kreide. Diese Zeichen- und Strichführung erlaubt ein sehr rasches Skizzieren.

◀

2. In dieser Malphase führen Sie mit flachgehaltener Kreide eine Reihe von Schrägstrichen aus. Gestalten Sie so weiter die Landschaft aus. Dort, wo ein größerer Kontrast gewünscht wird, drücken Sie stärker auf. Zartere Töne erzielen Sie, indem der Strich noch flacher gezogen wird, ohne jedoch den Druck auf das Zeichenpapier zu verringern.

Achten Sie auf die visuellen Effekte, die bei der Überlagerung mehrerer Schichten entstehen, und die Strichintensität, die durch unterschiedlichen Druck erzielt werden kann.

◀

3. Nachdem die Grundlage für die Landschaftsszene geschaffen ist, können Sie die Detailausarbeitung vornehmen. Sie müssen jetzt äußerst präzise und entschieden zeichnen, da Sie auf bereits vorhandenen Farbschichten malen. Arbeiten Sie das Gebirgsprofil im Hintergrund und einen Baum im Vordergrund heraus.

VERMALEN VON FARBEN

Eine wichtige Technik in der Pastellmalerei ist das Vermalen mehrerer Farben auf dem Papier, d. h. das Verreiben von Strichen und Flächen mit den Fingern. Wenn Sie mit der Hand über eine bemalte Pastelloberfläche streichen, verwischen sich die Farben, und der Strichcharakter wird abgeschwächt oder aufgelöst. Auf der folgenden Seite können Sie dieses häufig verwendete Stilmittel zum Malen einer Frucht anwenden.

▶ *1. Beginnen Sie zunächst mit oranger Pastellkreide. Zeichnen Sie die Form eines Kreises und malen Sie ihn anschließend mit cadmiumgelber Kreide aus. Über die gelbe Farbe wird nun Orange gelegt. Teilen Sie die Frucht dabei in zwei deutlich abgetrennte Bereiche. Streichen Sie mit den Fingern über den gesamten rechten Teil des Bildes, bis dieser von einem einheitlichen orangen Farbton bedeckt ist. Dabei darf nicht stark aufgedrückt werden. Um einen fließenden Übergang zu schaffen, streichen Sie sanft über den Grenzbereich.*

▼ *2. Dieser Aspekt der Übung verdeutlicht, daß Sie sich beim Vermalen von Farben auf einzelne Bildbereiche beschränken können. Der Finger wird sanft in den unteren Teil des Lichtpunktes gesetzt, um die Farben leicht zu vermalen, während der obere Bereich der Fläche unberührt bleibt.*

▼ *3. Bei der Pastellmalerei können viele Schichten übereinandergelegt werden. Wenn Sie neue Schattierungen auftragen, müssen diese an den Rändern vorsichtig verwischt werden. Vermalen Sie auf der rechten Seite der Frucht die Farbe breit-flächig mit dem Finger, bis der Umriß vollständig abgedeckt ist. Im Bereich um den Lichtpunkt sollten die Farben nur grob vermalt werden, so daß Fingerspuren deutlich bleiben.*

Schritt für Schritt

Stilleben

Die Pastellmalerei ist eine ideale Kunstform für Stilleben. In dieser Übung zeigen wir Ihnen die Schritte für Ihre erste Pastellzeichnung. Es ist nicht wichtig, daß das Endergebnis exakt mit der Abbildung übereinstimmt. Dies erfordert viel Übung. Es ist jedoch wichtig, jeden Schritt genau nachzuvollziehen, damit Sie ein zufriedenstellendes Ergebnis erhalten.

BENÖTIGTES MATERIAL

Farbiges Papier (1), Pastellkreide (2) und Lappen (3).

Da es sich bei der Pastellmalerei um eine Trockentechnik handelt, müssen Sie ungewollte Berührungen mit der Bildoberfläche vermeiden.

1. Sie können sowohl mit der Kante als auch der Spitze der Kreide malen. Die Ergebnisse sind sehr unterschiedlich. Sie sollten deshalb die verschiedenen Strichführungen genau kennenlernen, um sie gezielt einsetzen zu können. Die flache Längskante der Kreide eignet sich besonders für gerade, präzise Linien. Nutzen Sie diesen Strich für die Seiten des Glases. Mit der Kreidespitze wird der Strich feiner. Zeichnen Sie auf diese Weise den Kreis für den Apfel.

2. Es ist oft einfacher und effektiver, mit einem kleinen Kreidestück zu arbeiten, anstatt mit dem gesamten Stäbchen. Zerteilen Sie die Kreide und zeichnen Sie flache Schrägstriche, ohne zu stark aufzudrücken. Die Papiertextur soll nicht völlig verdeckt werden. Das Gefäß wird mit senkrechten Strichen gezogen, beim Apfel drehen Sie das Handgelenk für die passenden Striche. Die Pastellkreide wird die ganze Zeit flach zwischen den Fingern gehalten.

3. Malen Sie den gesamten Hintergrund des Bildes mit gleichmäßigen und einheitlichen flachen Strichen aus. Die Pastellmalerei gibt Ihnen ein breites Spektrum von Schattierungsmöglichkeiten an die Hand. Betrachten Sie beispielsweise die Art des Schattens beim Apfel; er wird mit der Kreidespitze ausgeführt und sollte im Farbton dunkler sein als die Frucht selbst.

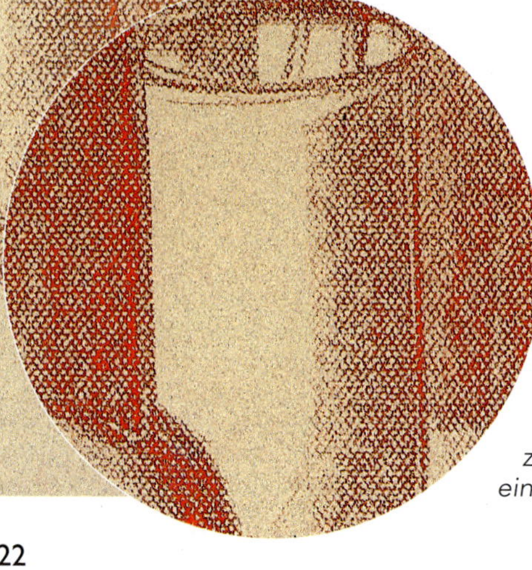

4. Schattieren Sie den Bildhintergrund mit dem gleichen Druck wie die Seite des Glases. Die Farbtöne werden dadurch identisch. Im nächsten Schritt sehen Sie, welche Effekte entstehen, wenn zwei Striche übereinandergelegt werden.

5. Sie verdunkeln den Farbton eines Bildbereiches, wenn Sie mehrfach mit Kreide darübermalen. Um den dunklen Bereich des Glasrandes auszuarbeiten, benutzen Sie am besten ein kleines flachgehaltenes Stück Kreide; die dunkle Fläche im Glasinneren wird dagegen mit der Spitze gemalt, die eine größere Kontrolle für die Strichführung bietet.

Pastellfarbe kann mit dem Radiergummi entfernt oder mit einem Lappen weggewischt werden. Dies gilt jedoch nur, wenn beim Malen nicht zu stark aufgedrückt wurde.

6. Konzentrieren Sie sich nun darauf, die Kontraste auszuarbeiten. Mit der Kreidespitze betonen Sie mit kraftvollen Strichen den Schattenbereich der Frucht. Das Zeichnen mit der Spitze gibt Ihnen viel Flexibilität und Genauigkeit. Sie können die Stelle anschließend noch leicht vermalen.

7. Zum Abschluß dieser Übung stellen Sie den dunklen Hintergrund fertig. Dazu wird die Pastellkreide wieder flach gehalten und schräg übers Papier geführt. Der dunkle Hintergrund kontrastiert nun stark mit den leuchtenden und farbfreien Bildbereichen.

ZUSAMMENFASSUNG

Mit flachen Schrägstrichen können leicht breite Linien gezogen werden, die größere Flächen gleichmäßig bedecken.

Der flache Längsstrich ermöglicht das Ziehen von geraden und festen Linien.

Das Zeichnen mit der Kreidespitze ermöglicht eine geschwungene Strichführung; so wurde der Umriß des Apfels gezeichnet.

Durch das Übereinanderlegen von Strichen kann die Papiertextur überdeckt werden.

THEMA

2 Einführung der Formen

MALEN MIT DER FARBE

Die Pastellmalerei ist eine Kunstform mit besonderen Möglichkeiten, die Anfängern schnell ins Auge springen. Einerseits können Sie Pastellkreiden wie einen Bleistift nutzen, andererseits können verschiedene Farbschichten übereinandergelegt werden, um damit spezielle Flächeneffekte zu erziehlen.

Obwohl es sich bei der Pastellmalerei um eine völlig eigenständige Maltechnik handelt, bestehen in der Handhabung der Kreide und der Art und Weise, wie diese auf dem Papier eingesetzt werden, gewisse Ähnlichkeiten mit anderen Zeichenmethoden. Im Gegensatz zu anderen Techniken sollten jedoch für Pastellarbeiten keine Farben vermischt werden, um neue Farbtöne zu erhalten. Das Angebot an Kreiden ist so umfangreich, daß Sie immer ein fertiges Stück Kreide in der gewünschten Farbnuance finden können.

▼ *Die Striche der Pastellkreide ähneln denen von Zeichenkohle, sowohl beim Malen mit den flachen Seiten als auch beim Zeichnen mit der Spitze. Bei beiden Arbeitsmitteln können Sie auch die gesamte Oberfläche verwenden.*

▼ *Aufgrund der Instabilität von Pastellkreide können Pastellzeichnungen leicht korrigiert werden. Striche lassen sich mit einem Lappen oder mit der Hand wegwischen. Es ist daher unkompliziert, Vorzeichnungen zu erarbeiten. Die Lappen, die zum Wegwischen der Kreide benutzt werden, sollten vorzugsweise aus Baumwolle sein. Sie müssen sauber gehalten werden, um ein Verschmutzen des Papiers zu verhindern.*

Zum Ziehen von Strichen reicht es, leicht mit der Pastellkreide über die Papieroberfläche zu fahren; das Kreidestück muß nicht aufgedrückt werden. Starker Druck würde statt dessen dazu führen, daß die Kreide zerbricht oder unangemessen dicke Linien entstehen.

ANNÄHERUNG AN DIE FORMEN

Der künstlerische Prozeß vollzieht sich bei der Pastell-malerei in einer Reihe von Einzelschritten. Sie können kontinuierlich farbige Schichten übereinanderlegen und bei jedem Arbeitsschritt Korrekturen vornehmen. Dies läßt sich in der folgenden Übung genau nachvollziehen. Während auf der vorherigen Seite gezeigt wurde, wie Sie eine Vorzeichnung anlegen können, lernen Sie hier, wie Sie Formen weiter ausarbeiten können.

▶ *1. Für die Ausarbeitung eines Grundschemas greifen Sie wieder auf die bekannten Stricharten zurück: fein und schmal wie die Kreidespitze oder breit und kräftig wie ein ganzes Kreidestück. Um die vorgezeichneten Blätter der Pflanze auszumalen, wählen Sie dunkelgrüne Pastellkreide und füllen die Formen damit aus. In dieser Phase sind die einzelnen Striche noch sichtbar.*

▶ *2. Da Pastellkreiden keine Zeit zum Trocknen benötigen, können Sie ohne Wartezeit mit einer neuen Farbe beginnen. Wie Sie in dieser Bildfolge sehen, kann auf eine dunkle Farbe unmittelbar eine hellere aufgetragen werden, ohne daß die zweite Schicht die erste durchscheinen läßt oder sich mit ihr vermischt. Malen Sie auf die dunkle Farbe des Blattes einen Bereich mit sehr hellem Grün.*

▼

3. Fahren Sie mit dem Finger über den Bereich, an dem die beiden Grüntöne aneinandergrenzen und vermalen Sie diese vollständig. Reiben Sie jedoch nicht über die gesamten Grünflächen, damit sich diese nicht vollständig vermischen. Lediglich der Übergang soll verwischt werden.

DIE GESAMTSKIZZE

Um die Details eines Pastellbildes genau herauszuarbeiten, müssen Sie sich auf eine gute Anfangsskizze stützen können. Für die Darstellung einfacher Gegenstände und Bildelemente ist keine komplizierte Strukturskizze erforderlich; es genügt eine einfache Vorzeichnung. Wenn die Vorlage für ein Pastellbild jedoch sehr komplex und vielschichtig ist, sollten Sie eine solide Gesamtskizze mit Grundlinien erstellen, bevor Sie mit der Vorzeichnung für den Bildaufbau beginnen können.

Es empfiehlt sich, den Rahmen für die Grundformen mit der Längsseite der Pastellkreide zu zeichnen.

1. Zeichnen Sie einen Grundrahmen auf das Papier und arbeiten Sie innerhalb des Rahmens die Grundformen aus. Betrachten Sie das Gesamtmodell als Einheit wie in der folgenden Übung, einem einfachen Stilleben mit Zitronen. Wenn Sie das Ensemble zunächst mit wenigen Linien skizzieren, gelingt es weitaus leichter, die Früchte im Gesamtgefüge zu porträtieren. Konzentrieren Sie sich zunächst nicht auf die einzelnen Formen, sondern lediglich auf den „Kasten", in dem die Elemente dargestellt werden.

2. Jetzt können Sie die Formen der Zitronen innerhalb des Rahmens zeichnen. Achten Sie auf die Proportionen und die Beziehung der Früchte untereinander. Zusammenfassend gilt: Zunächst wird ein Grundrahmen mit geraden Linien gezogen; anschließend wird die Fläche innerhalb dieses Rahmens visuell unterteilt, und die Bildelemente werden in grober Form mit großer Genauigkeit eingefügt.

3. Die Form der Zitronen ist nun genau festgelegt. Ein Entfernen der Rahmenlinien ist nicht notwendig, wenn auch leicht möglich. Malen Sie statt dessen direkt über die Striche, bis neue Farbe die Grundlinien vollständig bedeckt. Wie Sie feststellen konnten, ist die Erstellung einer Gesamtskizze ein sehr hilfreicher Arbeitsschritt bei der Pastellmalerei.

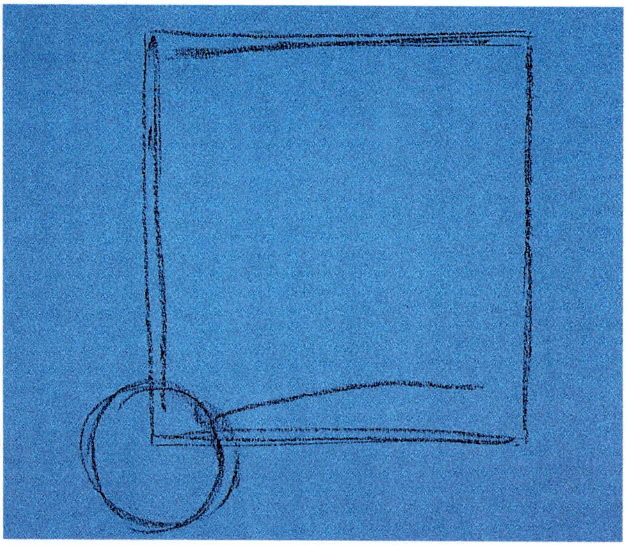

EINTEILUNG DER GRUNDSKIZZE

Wenn Ihre Bildvorlage noch kompliziertere Formen hat als die der letzten Übung, müssen Sie auf ein noch sorgfältiger ausgearbeitetes Rahmensystem zurückgreifen. Am schwierigsten ist es, symmetrische Figuren abzubilden sowie Objekte, denen stark geometrische Formen zugrunde liegen. Tatsächlich ist die bildliche Darstellung eines einfachen, weißen Tellers weitaus schwieriger als eine exotische Blume oder ein stürmischer Himmel. Wenn Sie an einem geometrischen Objekt arbeiten, sollten Sie auf einen gut strukturierten Rahmen zurückgreifen.

▶ *1. Diese Übung erscheint äußerst einfach. Es geht darum, eine einfache Teekanne und eine Blume abzubilden. Dies ist jedoch recht anspruchsvoll, da die Teekanne sehr präzise Formen aufweist, die einen exakten Strichaufbau und eine ausgewogene Darstellung im Gesamtbild erfordern. Die Blume hingegen kann freizügiger gearbeitet werden. Zu Beginn müssen die Formen des Modells eingerahmt werden. Legen Sie mit einfachen Linien die Skizze für die Tekanne an. Dazu zeichnen Sie ein Quadrat. Die Blume auf dem Tisch kann mit einem Kreis skizziert und der Stiel mit einem einfachen Strich angedeutet werden.*

▶ *2. Da noch nicht genügend optische Bezugspunkte für die Form der Teekanne vorhanden sind, stellen Sie zuerst die Skizze der Blume fertig. Jetzt zeichnen Sie in das Quadrat der Teekanne zwei wichtige Linien ein. Diese bilden die symmetrischen Achsen für das Bild. Mit Hilfe dieser Achsen arbeiten Sie nun die runde Form des Kannenkörpers aus. Jetzt haben Sie eine vollständige Skizze. Auf der senkrechten Mittelachse können die Deckelmitte und der Kannenboden angelegt werden. Die horizontale Mittelachse bildet den Bezugspunkt für das Plazieren des Kannenhalses.*

▶ *3. Vervollständigen Sie nun die Zeichnung. Ohne eine detailliert gegliederte Anfangsskizze wäre das Ausarbeiten der Kannenform schwierig gewesen. Die Blume konnte hingegen mit eine Reihe von einfachen Strichen gezeichnet werden.*

Schritt für Schritt

Stilleben

Die Pastellmalerei ist eine dem Zeichnen sehr verwandte, äußerst vielseitige künstlerische Technik. Um sie richtig zu erlernen, ist es sehr wichtig, die verschiedenen Stricharten von Pastellkreide kennenzulernen und vielseitig anzuwenden. In dieser Übung werden Sie sehen, welche gestalterischen Möglichkeiten Sie mit einer einzigen Farbe haben. Gleichzeitig können Sie den Aufbau eines Stillebens studieren. In späteren Kapiteln lernen Sie dann die Arbeit mit der Gesamtpalette der Malfarben kennen. Widmen Sie Ihre besondere Aufmerksamkeit den einfachen Formen, denn sie bilden die Grundlage zum Verständnis komplexerer und detaillierterer Figuren.

BENÖTIGTES MATERIAL

Braungelbe Pastellfarbe (1), weißes Papier (2) und Lappen (3).

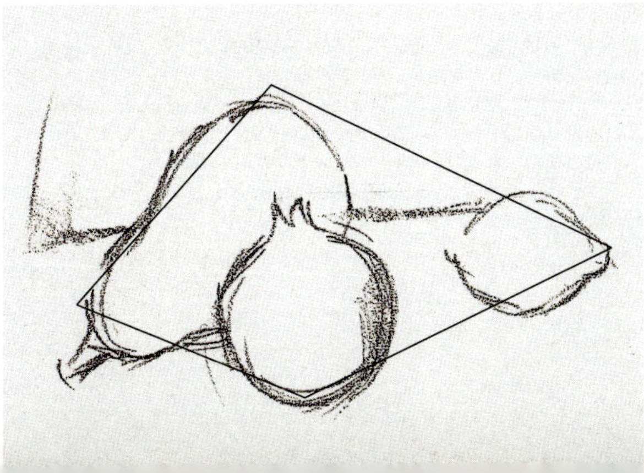

1. Jedes Bild muß anfänglich auf einer genau ausgearbeiteten und vollständigen Skizze aufgebaut werden. Sie bildet die Grundlage für alle Pastellarbeiten. Jedes Bild, so kompliziert es auch erscheinen mag, läßt sich auf einfache Formen zurückführen. Zeichnen Sie diese Grundskizze mit der Spitze Ihrer Pastellkreide.

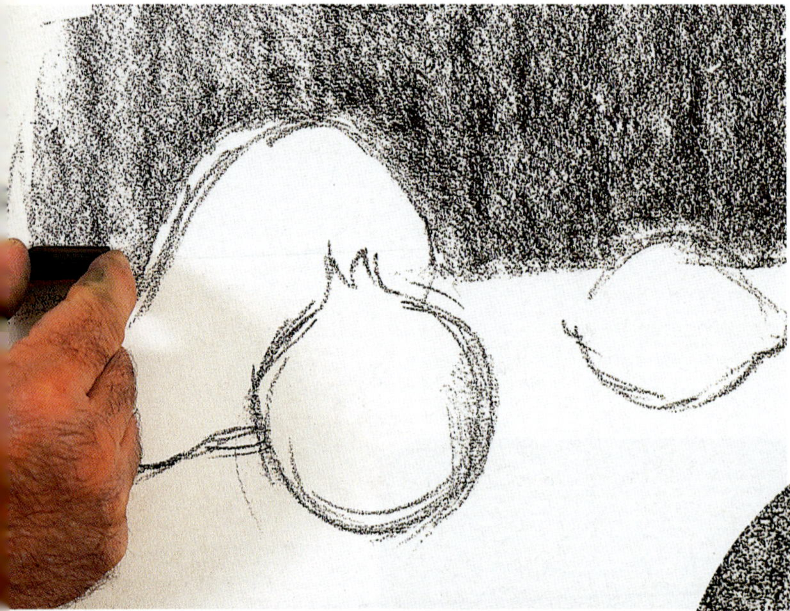

2. Nachdem der Grundrahmen gezeichnet ist, fügen Sie die ersten Striche ein. Dazu halten Sie die Kreide flach zwischen den Fingern und beginnen mit den Arbeiten am Hintergrund. Er wird vollständig mit senkrechten Linien bedeckt.

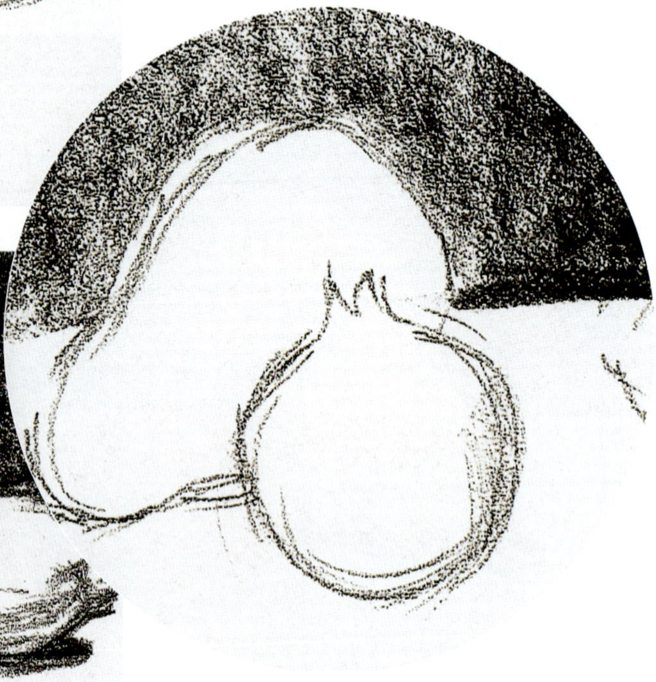

3. Wird mit der Kreide nur sanft aufgedrückt, bleiben die Poren des Papiers weiterhin sichtbar. Wird der Strich hingegen kraftvoll ausgeführt, können Sie den Hintergrundbereich vollständig abdecken, so daß die Papiertextur nicht mehr hervortritt. Diese Technik verwenden Sie zur Abdunkelung im rechten Teil des Bildes, um das gesamte Bild kontrastreicher zu gestalten.

4. Durch Kombination verschiedener Striche werden in einzelnen Bildbereichen notwendige Lichtpunkte gesetzt. Wie in diesem Ausschnitt zu sehen ist, können Sie mit einer einzigen Strichart zahlreiche Effekte hervorbringen. Verwenden Sie auch hierbei flache Kreidestriche. Im Gegensatz zu den Linien des Hintergrundes sind diese jedoch leicht gekrümmt.

5. Wie wir gesehen haben, können Sie mit flach gehaltenen Kreidestücken vielseitige Ergebnisse erzielen. Einerseits ist es möglich, die Körnung des Zeichenpapiers damit vollständig zu bedecken, andererseits können Sie diesen Strich auch nutzen, um konkrete Formen zu entwickeln wie im Falle des Kürbisses, der mit einem flachen Strich schattiert wird. Der Druck auf das Papier sollte minimal sein, um die Textur nicht zu verdecken. Auf die Striche der Schattierung zeichnen Sie nun mit der Kreidespitze die Linien der Kürbisfurchen.

Weiche Pastellkreiden sind besonders für künstlerische Arbeiten geeignet, bei denen Schattierungen eine große Rolle spielen. Allerdings zerbröckeln sie sehr schnell. Die Bruchstücke der Pastellkreiden müssen nicht weggeworfen werden, sondern können noch zum Malen von Details dienen.

6. Wenn Sie eine bereits schattierte Fläche dunkler machen möchten, tragen Sie eine weitere Schicht Pastellfarbe auf. Je stärker Sie aufdrücken, desto dunkler wird der Farbton. Arbeiten Sie erneut am Bildhintergrund. Schenken Sie dabei vor allem dem linken, sanfter gezeichneten Bereich Aufmerksamkeit.

7. Um die Übung abzuschließen, brauchen Sie nur noch im unteren Bildteil einige letzte Striche mit der Kreidespitze zu zeichnen. Sie haben im Verlauf dieser Übung die Anwendung der verschiedensten Stricharten und den Arbeitsablauf einer Skizzenzeichnung kennengelernt. Diese Technik können Sie bei allen anwenden.

ZUSAMMENFASSUNG

THEMA

3 Oberflächen und Mischtechniken

PAPIEROBERFLÄCHEN

Mit Pastellkreiden kann auf jede Oberfläche und in verschiedenen Techniken gemalt werden. Es ist absolut notwendig, die Maltechnik zu beherrschen und die verwendeten Oberflächen zu kennen, um zufriedenstellende Ergebnisse zu erhalten. In diesem Kapitel werden Sie verschiedene Aspekte der Pastelltechnik studieren: von der Art und Weise, wie auf verschiedenen Oberflächen gezeichnet wird, bis hin zur Ausführung einer interessanten Mischtechnik: Pastellkreiden und Ölfarbe.

Die Textur von Papier wird durch die Körnung bestimmt. In den folgenden Übungen arbeiten wir mit Papier verschiedener Körnung. Die erste Übungsreihe hilft Ihnen, die Effekte einzelner Striche auf unterschiedlichen Papier-strukturen kennenzulernen.

◀ *Dieser Baum wurde auf einem stark gekörnten Papier gemalt. Es handelt sich hierbei um spezielles Aquarellpapier mit sehr ausgeprägter Körnung. Beim Auftragen der Pastellfarbe auf diese strukturierte Oberfläche paßt sich die Schattierung der Rauheit des Papiers an.*

▼ *Das Papier mit mittlerer Körnung wird für die Pastellmalerei am häufigsten benutzt. Bei dieser Art der Körnung ist jeder Strichtyp möglich. Sie können sowohl feine Linien ziehen, so daß die Papiertextur sichtbar bleibt, als auch dichte Striche, die den Untergrund vollständig abdecken.*

▶ *Das feinkörnige Papier erlaubt eine völlig gleichmäßige Strichführung. Trotz großer Flexibilität bei der Papierauswahl, sollten Sie nicht willkürlich Papiersorten verwenden. Am geeignetsten ist Pastellpapier mit einer leicht strukturierten Oberfläche. Wenn Sie die drei Darstellungen auf dieser Seite vergleichen, wird der Unterschied der Papiersorten deutlich.*

ÜBUNGEN AUF FEINKÖRNIGEM PAPIER

Die Pastellmalerei ist eine Technik, die Kontraste von großer Spontanität ermöglicht. Da keine Zeit zum Trocknen benötigt wird, kann man die Zeichenergebnisse immer sofort und unmittelbar sehen. Landschaften sind dankbare Bildobjekte für die Pastellmalerei, da sie eine große Zahl von Effekten und künstlerischen Gestaltungsmöglichkeiten zulassen, einschließlich der Vermalung von Formen und Farbtönen. Auch die Papierkörnung spielt bei Landschaftsbildern eine große Rolle. Für diese Übung sollte feinkörniges Papier verwendet werden. Sie können auch die feine Rückseite eines grobkörnigeren Pastellpapiers benutzen.

▶ *1. Wie Sie in der vorhergehenden Übung gesehen haben, ist die Auswahl des Papiers für Pastellbilder immer wichtig. Dies gilt besonders auch für die künstlerische Gestaltung von Landschaften. Wie bereits bekannt, wird erst eine Vorzeichnung ausgeführt. Sie unterteilt das Bild in verschiedene Bereiche. Die Papiertextur wird hier kaum eine Rolle spielen, da wir feinkörniges Papier verwenden.*

▶ *2. Malen Sie den Himmel mit blauer und die Wolken mit weißer Pastellkreide aus. Verwischen Sie anschließend die einzelnen Farben mit den Fingern und zeichnen Sie erneut über das Weiß der Wolken. Damit der Strich Wirkung behält, werden die weißen Wolken im zweiten Durchgang kaum vermalt. Stellen Sie im Vordergrund mit dunkler Kreide einen starken Kontrast her, der die verschiedenen Bildflächen vollständig abgrenzt.*

◀ *3. Es ist nicht sinnvoll, alle Farben zu vermalen. Wechseln Sie vielmehr auf den Bildflächen zwischen deutlicher Strichführung und vermalten Farben ab. Anderenfalls wirkt das Bild zu glatt und blankgeputzt. Bei diesem feinkörnigen Papiertyp können Sie gut lernen, vermalte Kontraste und direkte Farbanwendung abwechselnd einzusetzen.*

ÜBUNGEN AUF BUNTEM PAPIER

Es gibt keinen Grund, warum die Zeichenunterlage immer weiß sein sollte. Deshalb wird von Papier-herstellern ein breites Farbsortiment angeboten. Der Künstler wählt das Papier so aus, daß es gut zu den von ihm benutzten Pastellfarben paßt. Auf dieser Seite wollen wir eine Übung mit drei verschiedenfarbigen Papierseiten machen. Sie können dabei sehen, wie Pastellfarben auf unterschiedlichen Zeichenunterlagen zur Wirkung kommen.

1. Legen Sie drei verschiedenfarbige Blätter nebeneinander, die als Malflächen dienen sollen. Befestigen Sie diese mit Klebeband. Zeichnen Sie nun jeweils die Landschaft mit einer dunklen Farbe. Ein sauberer Strich legt die Gebirgsstruktur und den Vordergrund fest. Der Himmel wird mit blauer Kreide gemalt. Sie sehen, daß die Pastellfarbe auf jeder Unterlage unterschiedlich wirkt.

2. Die Wolken werden in Weiß gemalt. Drücken Sie jedoch nicht zu stark auf, damit die Papierkörnung nicht völlig abgedeckt wird. Je nachdem, ob Sie mit der flachen Kreide oder der Spitze malen, scheint die Farbe des Papiers durch die Farbschicht durch. Beobachten Sie, wie unterschiedlich sich die einzelnen Papiersorten bei jedem weißen Strich verhalten. Für den Boden verwenden Sie gelbe Kreide.

Sie sollten so weit wie möglich auf Qualitätspapier malen. Dünne Pappen und andere Ersatzmaterialien sollten nicht verwendet werden, da sie im Laufe der Zeit ihre Farbe ändern und sich abnutzen können.

3. Jedes der drei farbigen Papiere reagiert unterschiedlich auf dieselben Farbtöne. Die Farbe des Papiers kann ebenso wie einzelne Kreidefarbschichten durch neue Auftragungen sichtbar bleiben.

▼ 1. Wie bei den anderen Pastelltechniken werden die Ergebnisse beim Malen auf Leinwand immer durch das Kombinieren von verschiedenen Stricharten hervorgebracht. Auf der Leinwand verdichten sich die Pastellfarben stärker als auf dem Papier, da die Textur des Stoffes geschliffener ist. Gleichzeitig nehmen die Poren der Leinwand größere Farbmengen auf.

▼ 2. Beim Malen mit Ölpastellkreide kann sich die Farbe so verdichten, daß satte Farbzonen entstehen. Dennoch bleiben auch die transparenten Eigenschaften von Pastellkreide unverändert. In diesem Beispiel können Sie sehen, wie sich die Farbschatten auf dem Tischtuch verändern.

PASTELL UND LEINWAND

Da für Pastellbilder jede Oberfläche genutzt werden kann, malen viele Künstler auch auf Leinwand. Allerdings ist grundsätzlich Papier am besten für die Pastellmalerei geeignet. Wenn Sie auf Leinwand zeichnen, können Sie jede Art von Pastellkreide verwenden, Ölpastellkreiden sind jedoch am empfehlenswertesten. Diese Farben haften sehr leicht auf der Leinwand und können mit Terpentinöl und Pinsel behandelt werden. Zudem lassen sich Ölpastellkreiden gut mit Ölfarben mischen.

▼ Ölpastellfarbe kann auf der Leinwand mit Hilfe eines Pinsels vermalt werden. Dazu tauchen Sie diesen in Terpentinöl. Der Strich wird dadurch flüssiger, so daß sich im Gesamtbild fließende Bereiche mit deutlich sichtbaren Strichen abwechseln. Wie Sie sehen, sind der Pastellmalerei technisch keine Grenzen gesetzt, wenn das Spektrum an Möglichkeiten auch traditionell selten voll genutzt wird.

Schritt für Schritt
Blumen in Pastell und Öl

Diese Technik der Pastellmalerei ist ohne besondere Schwierigkeiten auszuführen. Die Grundregeln sind einfach: Erst wird mit Pastellkreiden ein Bild angefertigt, welches anschließend mit Ölfarbe oder einem in Leinsamenöl getauchten Pinsel bearbeitet wird. Beim Vermalungsprozeß der Farben vermischen sich die Pastellkreideteilchen hervorragend mit der Ölfarbe. Die Attraktivität dieser Technik liegt in der Kombinationswirkung der verschiedenen Arbeitsmittel.

BENÖTIGTES MATERIAL

Pastellkreiden (1), Ölfarben (2), Mischpalette (3), Pinsel (4), aufgezogener Karton (5), Terpentinlösung (6), Leinsamenöl (7) und Lappen (8).

1. Wir beginnen das Bild mit einer raschen Skizze des Motivs. Dazu nehmen Sie mit Terpentinöl stark verdünnte Ölfarbe und einen fast trockenen Pinsel. Für die anschließende Farbgestaltung mit den Pastellkreiden spielt es keine Rolle, ob Sie vorher mit Öl und Terpentinöl gearbeitet haben, solange sich die Farben nicht vermischen. Zunächst zeichnen Sie die rosa Blume mit klaren und direkten Strichen. Darauf malen Sie mit grauer Farbe die im Schatten liegenden Margeriten. Jetzt werden die anderen Blumenformen herausgearbeitet.

2. Bringen Sie den Entwurf der Blüten sowie der Blätter und Stengel zu Ende. Ziehen Sie mit leicht öligem Pinsel den Stengelstrich bis an die Seite der Vase. Dadurch wird die Vasenform in einfacher Weise angedeutet. Markieren Sie nun mit grauvioletter Pastellfarbe die Schattenbereiche auf dem Leinwandhintergrund.

3. Jetzt streichen Sie mit dem öligen Pinsel über die Blumenstengel. Dabei saugen sich die Borsten mit grüner Farbe voll. Ziehen Sie nun damit bei der gelben Blüte einige sehr feine grüne Linien, um ihr eine erste Form zu verleihen. Außer einigen Ölstrichen bei der Grundskizze wird die gesamte Vorarbeit mit Pastellfarbe ausgeführt. Um der Ölfarbe eine gute Grundlage zu bieten, sollte der Zeichengrund so wenig fettig wie möglich sein.

4. Setzen Sie einige rosaviolette Farbpunkte. Dann arbeiten Sie mit Öl weiter. Die Blätter auf der rechten Seite des Bildes werden mit olivgrüner Ölfarbe gemalt. Setzen Sie dabei den Pinsel nur leicht auf die untere Pastellschicht, ohne ihre Farbe abzutragen. Die dunklen Töne im inneren Stengelbereich arbeiten Sie mit blauvioletter Ölfarbe aus. Mit dunkelgrüner Farbe werden die Schatten der Blätter und die dunklen Stengelteile gemalt. Für den hellen Teil der Vase verwenden Sie weiße Pastellfarbe, die später mit grauer Ölfarbe vermischt wird.

5. Die gelbe Blume wird durch das Zusammenspiel von Pastell- und Ölfarbe herausgearbeitet. Fahren Sie mit sicheren Pinselstrichen über die Flächen, so daß ein Teil der Pastellfarbe abgetragen wird und sich direkt auf dem Bild vermalt. Bei der großen Blume in der Mitte setzt man am Ende der Blütenblätter einige dunkle Farbschattierungen. Führen Sie beim Grau der Margeriten im Hintergrund auch einige Pinselstriche mit grauer Ölfarbe aus. Die Blätter in der oberen Bildzone verdunkeln Sie mit Ölfarbe, wobei Sie einen Teil des Farbuntergrundes abtragen.

Das Malen mit Pastell und Öl ist nicht schwierig. Beachten Sie jedoch, daß nicht alle Bereiche mit Ölfarben bedeckt werden. Das Pastell sollte durch die nebeneinanderliegenden Ölstriche durchscheinen.

6. Bei diesem Arbeitsschritt konzentrieren Sie sich auf das Vermalen der Schichten und das Auftragen von öligen Akzenten. Die vielschichtigen Blumenformen entstehen, indem Sie abwechselnd mit Pastell und Öl arbeiten. Erst arbeiten Sie die Farbflächen mit den Kreiden und nehmen anschließend mit einigen Pinselstrichen Pastellfarbe von der Bildoberfläche auf und vermalen diese. Streichen Sie mit dem in Öl getauchten Pinsel über die dunkleren Bereiche des Bildhintergrundes der Leinwand. Wenn sie noch zu hell erscheinen, fügen Sie grauviolette Farbe hinzu.

7. Nachdem Sie die Schattierungen mit Öl übermalt und die Farben vermalt haben, tragen Sie erneut verschiedene Pastellfarben für Spezialeffekte auf. Dies gilt vor allem für den Blütenbereich. Drücken Sie stark mit der Pastellkreide auf, damit einige deutliche Farbpunkte gesetzt werden. Damit ist diese Arbeit mit der Öl-Pastell-Mischtechnik fertiggestellt.

ZUSAMMENFASSUNG

Die Vorzeichnung wird mit stark verdünnter Ölfarbe ausgeführt. Bei dieser Mischtechnik müssen die ersten Farbschichten immer weniger fettig als die nachfolgenden sein.

· Der Leinwandhintergrund wird mit Pastellkreiden bemalt, und die Farben werden anschließend mit dem öligen Pinsel vermalt.

Durch starke und direkte Pastellstriche entstehen Lichtpunkte zwischen Blättern und Stengeln.

Die ersten Schattierungen werden mit Pastellfarbe ausgeführt. Sie sind die Grundlage für die Detailarbeit an den Blumenformen. Pastellkreide läßt sich gut mit Ölfarbe vermalen.

THEMA

4 Farbskalen

FARBSORTIMENTE

Die Pastellmalerei ist eine künstlerische Technik, die mit Papiertextur, Strichführungen, Mischtechniken und Farbeffekten spielt und immer unterschiedliche Ergebnisse erzielt. Sie zeichnet sich durch großen Farbenreichtum und vielfältige Strichtechnik aus. Das Spektrum der Pastellfarben entsteht jedoch nicht durch Farbmischungen. Statt dessen werden die Kreiden direkt aus dem Pastellkasten eingesetzt.

Die Pastelltechnik ist so vielseitig, wie es die künstlerischen Fähigkeiten erfordern und erlauben. Mit zunehmender Kenntnis der Arbeitsmaterialien entwickelt sich der Malschüler kreativ immer weiter. Seine Ausdrucksfähigkeit nimmt zu, und er wird vertrauter mit den Details dieser Kunstform. Die große Vielfalt von Möglichkeiten in der Pastellmalerei beginnt bei der Anwendung der gesamten Farbskala.

▶ *Als Farbskala bezeichnet man ein Sortiment von Farben, die harmonisch aufeinander abgestimmt sind. Wenn Sie die Farbpalette von Pastellkreiden betrachten, lassen sich verschiedene, oft nach Farbgruppen geordnete Skalen unterscheiden. Sie können z. B. ein Sortiment kaufen, das nur aus Brauntönen besteht.*

Da die Kreidesortimente sehr breit angelegt sind, empfiehlt es sich, thematisch zusammengestellte Farbskalen zu kaufen, wie beispielsweise Meeresmotive, Landschaften oder Porträts.

◀ *Außerdem finden Sie in Fachgeschäften sogenannte harmonische Skalen. Diese setzen sich aus Farben der gleichen Farbfamilie zusammen. So gehören zur Familie der kalten Farben alle blauen, grünen, grüngelben und violetten Farbtöne. Die Skala der warmen Farben setzt sich aus den roten, rotgelben und orangen Tönen zusammen.*

DIE WARME SKALA

Farbskalen setzen sich aus einer Reihe von Farben zusammen, deren Tonstufen nahe beieinanderliegen. Obwohl sich gewisse Skalen für bestimmte Themen besonders eignen, lassen sich Modelle selbstverständlich mit mehr als einer Skala interpretieren. Der Himmel zur Mittagszeit enthält beispielsweise eine Reihe von kalten Farben, kann jedoch künstlerisch auch mit warmen Farben gemalt werden. Auf dieser Seite werden Sie die Verwendung von Farben der warmen Skala üben.

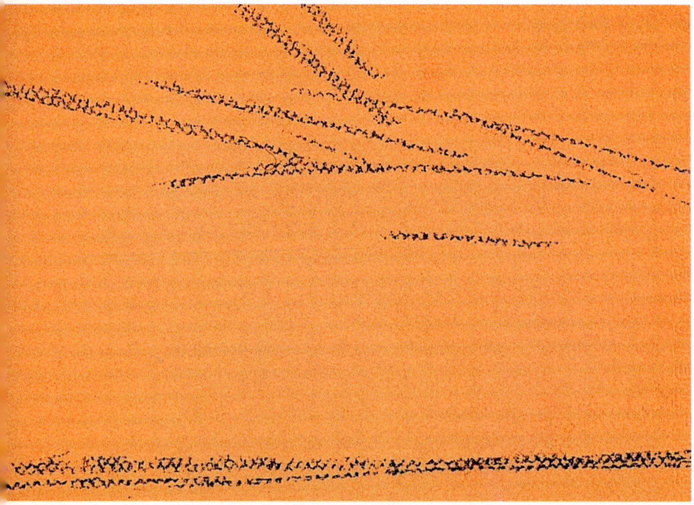

▶ *1. Die Farbe des Papiers hat einen großen Einfluß auf die Wirkungsweise farbiger Pastellkreiden. Es spielt jedoch keine Rolle, in welcher Farbe Sie den Grundrahmen für eine Gesamtkomposition zeichnen, da im Laufe der Arbeit mehrere Farbschichten übereinandergelegt werden und so die Anfangslinien vollständig abdecken.*

▶ *2. Tragen Sie die ersten Farben zum Schattieren des Himmelhintergrundes auf. Dieser Arbeitsschritt wird mit flachgehaltener Pastellkreide durchgeführt. Sie bestimmen durch die Kraft, mit der Sie aufdrücken, inwieweit die Papiertextur sichtbar bleibt. Die Farben in dieser Übung zählen zur warmen Skala. Auf die erste Farbschicht legen Sie im unteren Bereich des Himmels einen rötlichen Farbton, der nach unten hin verläuft.*

▶ *3. Malen Sie nun die Wolken mit stark leuchtendem Neapelgelb. Die Farbe muß vollständig mit dem Untergrund verschmolzen werden. Nach dem Schattieren werden die Wolkenmassen sanft mit den Fingern breitgezogen, bis sich die Farbe in den Untergrund einfügt. Tragen Sie nun auf das Gelb eine noch hellere Farbe auf. Dadurch treten die Wolken noch stärker hervor. Diesmal vermalen Sie allerdings die Lichttöne im unteren Bereich nicht.*

DIE KALTE SKALA

In der Übung auf dieser Seite werden Sie die Farben der kalten Skala kennenlernen. Diese Farbskala besteht aus blauen, grünen und einigen Gelbtönen. Benutzen Sie leuchtendblaues Papier, um darauf eine Wasseroberfläche zu malen.

1. Die Horizontlinie wird bei diesem Bild sehr hoch angesetzt, da die Wasserfläche im Zentrum des Bildes stehen soll. Darunter beginnen Sie mit farblichen Abstufungen. Fangen Sie mit einem dunkelblauen Farbton an und wechseln Sie anschließend zu einem Mittelblau. Zeichnen Sie mit horizontalen Strichen. Die Abstufungen werden fortgesetzt, bis Sie bei Smaragdgrün angelangt sind. Noch werden keine der Farben vermalt, und in einigen Bildbereichen sollte die Farbe des Papieruntergrundes durchscheinen.

2. Vermalen Sie nun ganz sanft die einzelnen Farbtöne, bis die Grenzen zwischen den Blaustufen verschwinden und sich der Strichcharakter auflöst. Ein leichter Druck genügt, um zufriedenstellende Effekte zu erhalten. Auch sollten Sie die Papiertextur nicht vollständig überdecken.

3. Tragen Sie nun hellere Farbtöne auf die bestehenden Farbschichten auf, um die leuchtenden Bereiche der Meereswellen darzustellen. Für die passenden Kontraste – sowohl mit dem Untergrund als auch mit den helleren Wellen – ziehen Sie einige dunkle Farbstriche. Diese letzten Details sind entscheidend, um die Leuchtkraft des Bildes herauszustellen. Malen Sie einige Glanzpunkte, wobei Sie hellere und leuchtendere Farbtöne benutzen als in der Farbgrundierung.

▼ *Wenn ein weißer Lichtstrahl zerfällt, entsteht eine Reihe von Farben, die sich in Primärfarben (Gelb, Kornblumenblau und Purpur), Sekundärfarben (Grün, Rot und Intensivblau) und Tertiär- oder Zwischenfarben (Orange, Karmin, Violett, Ultramarin, Smaragdgrün und Hellgrün) unterteilen.*

DIE KOMPLEMENTÄRFARBEN

Fällt ein Lichtstrahl durch ein Kristallprisma, zerfällt das weiße Licht in das Farbspektrum der Primär-, Sekundär- und Tertiärfarben, so wie es auch beim Regenbogen durch die Wassertropfen geschieht. Diese Farben bilden die Grundlage für das gesamte Farbenspektrum der Natur. Wie bereits erwähnt, ist es bei der Pastellmalerei weder notwendig noch angebracht, Farben zu mischen. Es wird vielmehr davon ausgegangen, daß die notwendigen Farben im Zeichenkasten vorhanden sind. Auf dieser Seite werden wir die unterschiedlichen Farbeffekte studieren.

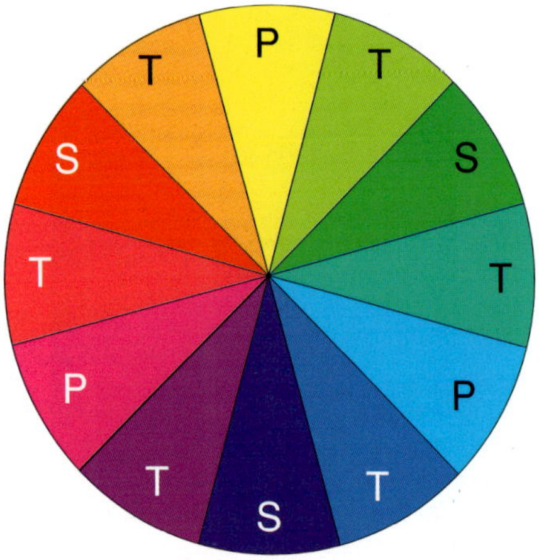

▶ *Wenn die Komplementärfarben stufenförmig in einem Kreis angeordnet werden, erhält man den sogenannten Farbkreis, in dem sich Komplementärfarben jeweils gegenüberliegen.*

Malen Sie mit der Farbe Rot eine Blume auf blaues Papier. Sie können beobachten, wie die Farbe auf dem Untergrund zur Geltung kommt. Die Lücken zwischen den Strichen sorgen dafür, daß das Blau des Untergrunds kontrastreich hervortritt. ▲

▶ *Wählen Sie einen Bogen rotes Zeichenpapier und malen darauf mit der Sekundärfarbe Grün. Dies bewirkt einen starken Kontrast, bei dem sich die Farben dennoch ergänzen. Die Pastellmalerei ist wegen ihrer großen Farbkraft besonders für Techniken geeignet, die stark mit Kontrasten und Komplementärfarben arbeiten.*

Schritt für Schritt

Landschaft

Landschaften sind ein sehr geeignetes Thema, um mit verschiedenen Farbskalen zu arbeiten. Das Motiv, mit dem wir uns auf den nächsten Seiten beschäftigen, besitzt eine Reihe von Farbabstufungen der kalten Farbskala. Sie sehen zahllose blaue und weiße Farbtöne. Es erscheint auf den ersten Blick schwierig, diesen Nuancenreichtum herauszuarbeiten. Wenn Sie jedoch aufmerksam den Anleitungen und technischen Erläuterungen folgen, können Sie ein zufriedenstellendes Ergebnis erzielen.

BENÖTIGTES MATERIAL

Tabakfarbenes Papier (1), Pastellfarben (2) und Lappen (3).

1. Zeichnen Sie die Grundskizze mit einer sehr hellen Farbe, damit sie sich stark vom Untergrund abhebt. Da es unmöglich ist, alle Bäume zu malen, skizzieren Sie einige mit vertikalen Linien. Dadurch können Sie die Gesamtkomposition besser verstehen und umsetzen. Der Bodenbereich wird mit energischen, senkrechten Strichen in Weiß und Blau gemalt, so daß sie zwei nebeneinanderliegende Streifen bilden.

2. Malen Sie nun den oberen Bildteil mit senkrechten Strichen in einem elfenbeinfarbenen Weißton. Dieser Bildbereich entspricht dem Himmel über den kahlen Baumkronen. Vermalen Sie den oberen und unteren Teil der Skizze mit den Fingerspitzen, so daß die Striche ihre klare Struktur verlieren. Mit schwarzer Pastellfarbe werden die ersten dunklen Punkte einiger Bäume gezeichnet und mit elfenbeinfarbenem Weiß einige helle Punkte des Hintergrunds. Zeichnen Sie mit festen Strichen. Die leuchtendsten Teile des Bildes arbeiten Sie mit weißen Strichen heraus.

3. Schattieren Sie den Himmelsbereich erneut mit Elfenbein. Drücken Sie diesmal stärker auf. Einige Baumzweige werden nicht gezeichnet, die entsprechenden Bildstellen bleiben frei. Den Hintergrund malen Sie mit erdigem Grün und verwischen die Töne leicht mit den Fingern. Dadurch tritt das Weiß der Bäume besonders hervor.

4. Tragen Sie auf den gesamten unteren Bildbereich leuchtendes Blau auf und vermalen Sie die Farbe mit dem Untergrund. Die Baumstämme werden mit Schwarz verstärkt. Verwenden Sie auch Schwarz, um die Schatten auf dem Boden zu zeichnen. Durch diese Schatten kann man die Richtung des Lichteinfalls erkennen.

5. Durch die weißen Striche von Himmel und Baumzwischenräumen wird teilweise die unbemalte Papieroberfläche sichtbar. Um die Baumstämme noch stärker zu betonen, arbeiten Sie intensive Kontraste mit schwarzer Pastellfarbe heraus. Dieser Schritt ist sehr wichtig. Malen Sie nun den Bodenbereich in kalten Farbtönen. Die Farben werden direkt auf den vorher vermalten Untergrund aufgetragen. Wenn Sie die Zweige des Bildes aufmerksam betrachten, sehen Sie, wie diese mit Strichen auf den vermalten Untergrund gesetzt wurden.

6. Zwischen die Zweige fügen Sie einige neapelgelbe Tupfer. Dies bringt die kalten Blautöne noch stärker zur Geltung. Umreißen Sie nun einige Zweige im Vordergrund mit schwarzer Pastellfarbe und setzen Sie blaue Farbstriche dazu.

Obwohl es sich bei dieser Landschaftsdarstellung hauptsächlich um Farben der kalten Farbskala handelt, ist es hilfreich und sinnvoll, zusätzliche Töne zu verwenden. Der gezielte Einsatz von Farben anderer Skalen potenziert die Leuchtkraft der Hauptfarbskala.

7. Der Abschluß dieser Übung ist recht aufwendig. Um die Bäume im Vordergrund stärker von den Hintergrunddetails abzuheben, müssen Kontraste ausgearbeitet werden. Setzen Sie weiße Punkte auf die Zweige, um den Schnee darzustellen. Für stärkere Kontraste zu den Baumteilen verwenden Sie schwarze und graue Kreidestriche. Abschließend akzentuieren Sie die weiter entfernt liegenden Bäume mit einigen blauen Farbtupfern.

ZUSAMMENFASSUNG

Die Grundskizze wird mit einer sehr hellen, sich stark vom Untergrund abhebenden Farbe gezeichnet.

Die leuchtendsten Punkte auf den Zweigen werden mit purem Weiß gemalt.

Der Bodenbereich wird mit senkrechten weißen und blauen Strichen gemalt. Anschließend wird die Fläche mit den Fingern vermalt.

Mit einem elfenbeinfarbenen Weißton entsteht in senkrechten Linien der Bereich, der dem Himmel über den kahlen Baumkronen entspricht.

Der Hintergrund wird mit erdfarbenem Grün gemalt und anschließend leicht mit den Fingern verwischt.

Die Baumstämme und Kronen werden mit Schwarz verstärkt, um starke Kontraste zu schaffen.

THEMA

5 Grundrahmen und Schattierung

BILDAUFBAU UND GRUNDSKIZZE

Ein guter Grundrahmen ist die Voraussetzung jedes Pastellgemäldes. In diesem Kapitel werden wir uns besonders mit dem Bildaufbau und dem Skizzieren beschäftigen. Es ist sehr wichtig, den Arbeitsschritten genau zu folgen, damit Sie bald zur Routine werden. Dann wird die Erarbeitung eines Bildes in Zukunft leichter und das Endergebnis zufriedenstellender sein.

Der Grundrahmen eines Bildes richtet seinen Fokus auf Bildkomposition und geometrische Struktur des Modells. Beim Skizzieren eines Blumenstraußes beispielsweise soll mit den ersten Linien die Beziehung zwischen Bildinhalt und Hintergrund wiedergegeben, die wichtigsten Bildelemente plaziert sowie Licht- und Schattenzonen aufgebaut werden. Die ersten Striche bilden lediglich die Grundlage für die spätere Detailarbeit.

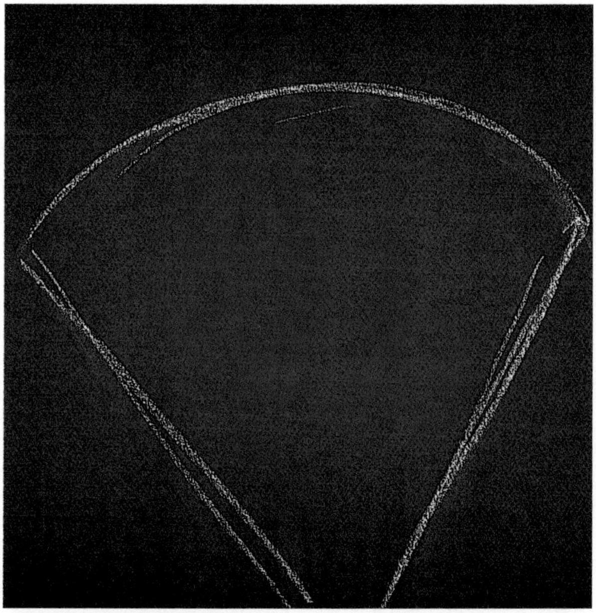

▼ 1. *Ein einfacher Rahmen wie dieser kann von jedem Malschüler problemlos ausgeführt werden. Die oben dargestellte Figur bildet den Rahmen für die verschiedenen Elemente eines Blumenstraußes.*

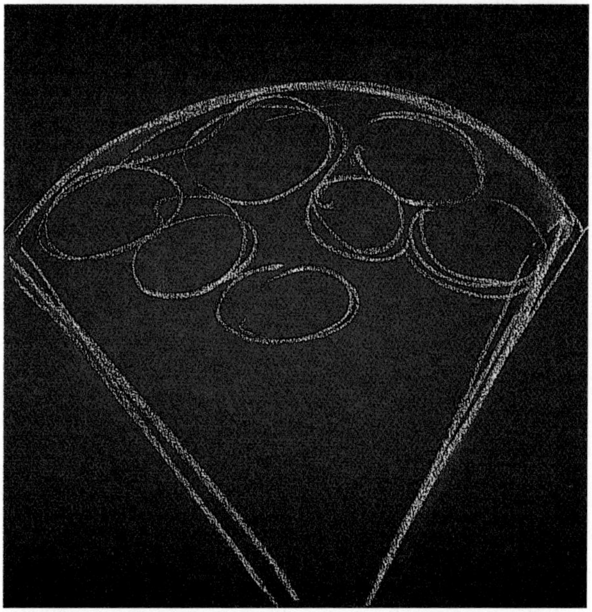

▼ 2. *Wenn Sie die Grundstruktur einer Bildvorlage erkannt haben, können Sie diese mit einfachen und präzisen Linien in einer Rahmenskizze anlegen, bevor Sie sich an die Detailarbeit wagen. Dieser Arbeitsprozeß ist besonders bei schwierigen Modellen hilfreich. Mit zunehmender Erfahrung ist es möglich, diese ersten Arbeitsschritte zu überspringen.*

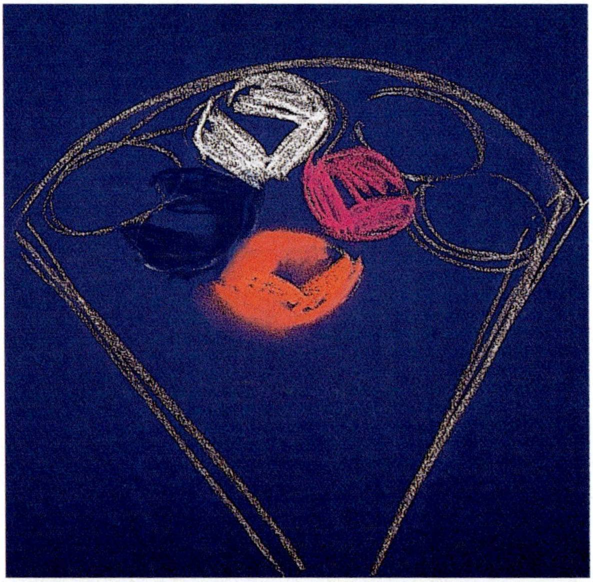

DAS SCHATTIEREN. DIE FARBEN

Nachdem der Grundrahmen auf dem Papier angelegt ist, wird mit der Schattierung des Bildes begonnen. Zunächst müssen die Hilfslinien, die zum Skizzieren benutzt wurden, entfernt werden. Sie können die Linien wegradieren oder übermalen und das Bild anschließend fixieren. Sie müssen jedoch bedenken, daß Sie danach an der Skizze keine Korrekturen mehr vornehmen können.

▶ *1. Tragen Sie die ersten Farben der Blumen mit flach gehaltener Pastellkreide auf. Die Farbe des Papiers fügt sich als zusätzliche Farbe in das Gesamtbild ein.*

▼ *2. Sie können die Blütenblätter durch starke Strichbetonung oder Vermalung schattieren. Beide Techniken müssen kontrolliert eingesetzt werden. Die zu verwischenden Zonen malen Sie erst mit festen Strichen aus. Auf die ersten Schatten setzen Sie durch erste Linien einzelne Kontraste. Mit dem Radiergummi entfernen Sie die Striche, die aus den Blumenkonturen hervorragen.*

▼ *3. Da wenige Malschüler in ihren Kästen über alle Farbtöne verfügen, erweist sich der Einsatz von schwarzer Pastellfarbe als sehr praktisch und hilfreich. Damit lassen sich vielfältige Farbabtönungen erzielen, wie Sie auf dieser Abbildung sehen können. Bedenken Sie jedoch immer, daß Farben beim Vermalen einen Teil ihrer Strichdefinition einbüßen.*

DIE FARBABSTUFUNG. MISCHFARBEN

Die Farbpalette, die dem Malschüler zur Verfügung steht, kommt aus dem Farbkasten. Bei der Pastellmalerei dürfen niemals Farben gemischt werden, da dabei die Farbintensität – eine Grundeigenschaft dieser Kunstform – zerstört wird. Schon von den ersten Farbanwendungen an wird der Malende immer mehr Töne zur farblichen Bereicherung des Bildes benötigen. Obwohl einige Töne untereinander möglicherweise sehr wenig variieren, verhindert ihre Benutzung ein unnötiges Impastieren des Papiers.

1. Bei der Pastellmalerei ist die variantenreiche Farbabstufung von großer Bedeutung, wie Sie in dieser Übung lernen können. Sie werden sehen, daß selbst für eine große Anzahl von Abstufungen Farbmischungen nicht notwendig sind. Zunächst tragen Sie drei abgestufte Farbtöne auf.

2. Dann fahren Sie mit den Fingern über die Grundzeichnung. Die Farben sollen nicht vollständig vermalt werden, sondern lediglich sanfte Übergänge erhalten. Diese erste Schicht bietet die Grundlage für weitere Abtönungen und Detailstriche.

Da es unmöglich ist, alle Pastellfarbtöne zu besitzen, ist der Einsatz von schwarzer Kreide eine gute Möglichkeit, Töne und Farbskalen durch Vermalen zu ergänzen.

3. Tragen Sie jetzt auf die erste Farbschicht neue Farben auf. Setzen Sie klare Striche mit der Kreidespitze auf das Bild. Die unteren Farbschichten können noch durchscheinen. Wie an diesem Beispiel sichtbar wird, können Sie durch Einsatz mehrfarbiger Striche auf farblich abgestuftem Untergrund interessante Effekte hervorrufen.

HILFSMITTEL GEGEN BILDVERSCHMUTZUNGEN

Die Pastellmalerei läßt sich leicht mit den Fingern verändern. Dieser Vorteil kann sich schnell als Problem erweisen, wenn Sie Bildflächen unbeabsichtigt berühren. In den ersten Malphasen ist dies gewöhnlich nicht von großer Bedeutung. Spätere Zwischenfälle können jedoch Stunden an Arbeit zunichte machen. Um diesem Umstand vorzubeugen, können Sie auf verschiedene, sehr einfache Hilfsmittel zurückgreifen.

▶ *Ein häufig verwendetes und sicheres Hilfsmittel ist das Fixieren eines Bildes in einem frühen Arbeitsstadium. Durch leichtes Besprühen der Oberfläche wird eine Beeinträchtigung der ersten Farbschichten durch Berührung mit Fingern oder Pastellkreide verhindert. Allerdings sollten Sie Fixativ nur in den ersten Malphasen benutzen.*

▶ *Bei der Pastellmalerei erscheint es unvermeidlich, daß das Bild durch Verwischen fleckig wird. Diese Gefahr besteht verstärkt, wenn Sie mit einer Reihe von Farben an verschiedenen Details arbeiten. Sie können diesem Problem jedoch leicht vorbeugen, indem Sie ein sauberes Blatt Papier zwischen Hand und Arbeit legen. Es muß aber darauf geachtet werden, daß das Papier auf dem Bild nicht bewegt wird.*

▶ *Dank des sauberen Papiers auf der Maloberfläche können Sie ohne Schwierigkeiten mit aufgestützter Hand malen, ohne Farbzonen zu verschmieren. Bei längerem Benutzen sollte das Papier jedoch regelmäßig gewechselt werden.*

Schritt für Schritt
Blumen

Für jede Maltechnik ist die Anfangsskizze eine grundlegende Voraussetzung. Es ist erstaunlich, wie man selbst bei komplizierten Modellen mit einigen einfachen Linien eine geeignete Struktur hervorbringen kann. Grundrahmen und Farbausgestaltung können auf jeder Arbeitsebene korrigiert werden. Im folgenden können Sie einen Blumenstrauß mit Hilfe einer einfachen Rahmenskizze erarbeiten.

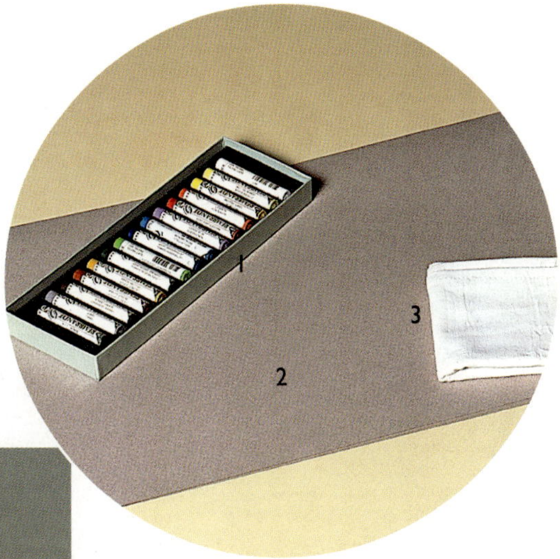

BENÖTIGTES MATERIAL

Pastellfarben (1), graues Papier (2) und Lappen (3).

1. Das Zeichnen eines Grundrahmens erfordert keine Details; es genügen einige wenige Striche, die in ihrer Kombination fast geometrische Formen bilden. Ausgehend von dieser Skizze können Sie Ihr Bild präzise aufbauen.

2. Arbeiten Sie weiter an der Grundskizze. Die Formen lassen sich nach den ersten Strukturlinien leichter festlegen. Sie brauchen keine genaue Zeichnung zu machen, da Sie jederzeit Korrekturen und Ergänzungen vornehmen können.

3. Beginnen Sie mit grauer Kreide den Untergrund zu bemalen, die Formen der oberen Blumen zu betonen und die Linien der Vorzeichnung zu überdecken. Zeichnen Sie danach die oberen Blütenblätter mit Orange und anderen hellen Tönen. Mit Weiß werden die Glanzbereiche der Blumen in der Mitte skizziert. Bedecken Sie jedoch nicht den gesamten Papieruntergrund.

4. Malen sie den Hintergrund mit Blau und Grau zu Ende. Dann werden die Striche mit der Fingerkuppe verwischt. Schattieren Sie nun die Blumen im oberen Teil weiter mit Orange, wobei der Papierhintergrund stellenweise durchscheinen soll. Die kleinen Blüten werden weiter mit gelber Kreide herausgearbeitet. Verwenden Sie zwei verschiedene Gelbtöne. Skizzieren Sie die Blumenstengel mit schwarzer Farbe und anschließend mit Grüntönen.

5. Vermalen Sie den grauen Untergrund mit den Fingerkuppen, ohne jedoch die Blumen dabei zu berühren. Verwischen Sie danach leicht die Gelbtöne der verschiedenen Blüten und setzen Sie darauf mehrere noch hellere Farbtupfer. Auch die weißen Blumen werden vorsichtig vermalt, ohne die volle Untergrundfarbe des Papiers zu beeinträchtigen.

6. Jetzt ist die grundlegende Farbgestaltung abgeschlossen und Sie konzentrieren sich auf Detailaspekte wie die Betonung der Blumenstengel. Legen Sie mit leuchtenden Farbtönen einige Glanzpunkte auf den schwarzen Untergrund.

7. Setzen Sie jetzt mit verschiedenen hellen Farben neue Striche auf die oberen Blumen, ohne diese untereinander zu vermalen.

8. Die Blumenstengel werden mit einer Reihe von Grüntönen zu Ende gemalt. Die dunklen Töne bringen die Schatten in diesem Bildbereich heraus und unterstützen den Kontrast zu den weißen Blüten. Abschließend vervollständigen Sie die gelben Farbzonen und vermalen Sie leicht mit dem Bildhintergrund.

ZUSAMMENFASSUNG

Die Anfangskizze hat eine sehr geometrische Form, die es erlaubt, die Gesamtkonzeption präzise aufzubauen, ohne detaillastig zu sein.

Die Farbgestaltung der Blumen im oberen Teil des Bildes ist sehr einfach angelegt. Es wird mit zwei Farbtönen begonnen.

Die weißen Blumen treten stark durch den sie umgebenden dunklen Hintergrund hervor.

Auf die schwarzen Linien der Stengel wird mit leuchtenden Grüntönen gemalt.

6 Vermalen und Umreißen

DIE FARBTRENNUNG

In der Pastellmalerei gibt es eine Reihe von Hilfstechniken. In diesem Kapitel lernen Sie anhand von Beispielen einige davon kennen. Die wichtigsten Techniken für den Umgang mit Pastellkreiden sind das Vermalen von Farbtönen einerseits und der Einsatz von direkten, präzisen Linien und Flächen andererseits.

Eine in der Pastellmalerei häufig verwendete Hilfstechnik ist das Vermalen von Farben mit den Fingern. Es ist wichtig, die Möglichkeiten und Grenzen dieses Stilmittels zu wissen, um es adäquat einzusetzen. Aus mangelnder Kenntnis der Technik vermalen viele Malschüler ihre Bilder vollständig. Jegliche sichtbare Strichführung verschwindet, und die Frische der Werke wird stark beeinträchtigt. Andere wiederum gestalten ein Bild mit Unmengen von verschiedenen Strichen, bis die Oberfläche von einem Wirrwarr an Linien übersät ist. In diesem Kapitel wollen wir die verschiedenen Gestaltungsmöglichkeiten und ihre entsprechenden Anwendungen betrachten.

▼ *1. Legen Sie eine saubere Anfangsskizze an, damit Sie einen genauen Leitfaden für die ersten Farbauftragungen zur Verfügung haben. In die hier gezeichnete Skizze werden die Farben mit Strichen aufgetragen und dann auf dem Untergrund vermalt.*

▶ *2. Tragen Sie die Farben für die Wolken auf und geben Sie ihnen Form, indem Sie über die Oberfläche wischen und die Konturen sanft mit dem Untergrund verwischen. Das Vermalen dient in diesem Falle der Herausarbeitung des Wolkenvolumens.*

◀ *3. Die Bodenlandschaft wird mit mehreren Strichen und Linien gezeichnet, die unvermalt bleiben. Die beiden in dieser Übung benutzten Gestaltungsmittel lassen sich hervorragend miteinander kombinieren. Die gleichzeitige Nutzung von Vermalung und direktem Strich wirkt in keiner Weise störend, sondern sorgt für Kontraste von großer Schönheit. Wenden Sie diese malerischen Techniken in verschiedenen Übungen an, um ihre Unterschiede kennenzulernen.*

UMREIßEN VON BEREICHEN

In der letzten Übung haben Sie gesehen, wie sich die besondere Sprache des Vermalens und des direkten Striches in separaten Bildzonen anwenden läßt. Die Arbeitsweisen können aber auch in einer Fläche miteinander kombiniert werden, wie Sie auf dieser Seite sehen.

▶ *1. Bei der Pastellmalerei können Sie immer entscheiden, den Strich auf dem Papier zu belassen, wie er aufgetragen wurde oder ihn mit Hilfe der Finger zu bearbeiten. Das Vermalen mit den Fingern hilft Ihnen vor allem bei der Erarbeitung von Grundformen, wie beispielsweise der Baumkrone. Malen Sie diese zunächst mit Pastellkreide und verwischen Sie sie anschließend vollständig auf dem Untergrund. Die verschmolzene Farbfläche verfügt über keine genauen Konturen.*

▼ *2. Auf die vermalte Farbgrundlage setzen Sie nun direkte Striche. Sie umreißen die Form des Baumes und geben ihm genauere Konturen. Das Grün der Baumkrone leuchtet zwischen den neu gezogenen Linien hindurch. Wenn Sie bei der Strichführung stark aufdrücken, bleibt eine größere Farbmenge haften.*

▼ *3. Nach dem Umreißen der Äste wird das gleiche in den übrigen Bildzonen gemacht. Legen Sie mehrere Farbschichten übereinander. Direkte Striche wirken auf einem vermalten Untergrund besonders frisch und unmittelbar.*

1. Bevor wir mit der Farbgestaltung beginnen, müssen wir jeden einzelnen Teil des Motivs mit Hilfe der Zeichnung genau festlegen, anderenfalls könnten sich die Farben miteinander vermischen, was beim Pastell nicht passieren darf.

SIMULTANKONTRASTE

Hinter dieser Bezeichnung verbirgt sich eine allen Mal- und Zeichenmethoden gemeinsame Technik, die sich auf das optische Spiel zwischen Tönen und Farben bezieht. Simultankontrasten liegt das optische Gesetz zugrunde, daß ein leuchtender Farbton vom Auge als besonders hell wahrgenommen wird, wenn er zwischen zwei dunklen Farbtönen plaziert ist. Das gleiche Prinzip wirkt bei einem dunklen Ton, der zwischen zwei helle Farben gesetzt wird; die dunkle Farbe erscheint intensiver. In der folgenden Übung wollen wir mit diesen optischen Effekten arbeiten.

2. Nach Zeichnung der Anfangsskizze arbeiten Sie an der Farbgestaltung. Der Hauptlichtpunkt dieses Bildes ist das kleine Landhaus. Sie zeichnen es hell und nehmen für den Hintergrund sehr dunkle Farben. Dadurch wird die Leuchtkraft des Gebäudes noch erhöht.

Bei der Pastellmalerei können Sie die Farbe des Papiers für Simultankontraste nutzen. Die auf dunkles Papier gemalten dunklen Farbtöne erscheinen heller, als sie in Wirklichkeit sind.

3. Obwohl das Weiß des Hauses am stärksten leuchtet, brauchen Sie nicht mit purem Weiß zu malen, sondern können die Farbe mit anderen leuchtenden Tönen wie Neapelgelb kombinieren, um einen wärmeren Farbton zu erhalten.

PAPIERSORTEN

Auf dieser Seite verwenden wir verschiedenfarbiges Papier für die Darstellung eines Pferdekopfes. Verwenden Sie immer die gleichen Kreidefarben, um zu studieren, wie sie auf den verschiedenen Untergründen wirken. Jedes farbige Papier reagiert anders auf die darauf vorgenommen Malereien.

▶ *Das beim ersten Kopf benutzte Papier ist grau. Auf diesem Papier treten die Farben mit großer Leuchtkraft hervor. Grau ist ein neutraler Farbton, auf dem die Farben durch Simultankontraste verstärkt werden. Die Farbe des Papiers scheint sehr schön durch die vermalten Farbflächen des Gemäldes hindurch. Darüber wurde mit energischen und direkten Strichen gemalt, die sich gut in das Gesamtbild einpassen.*

▼ *Malen Sie dasselbe Motiv wie oben, diesmal jedoch auf rotes Papier. Wie sich feststellen läßt, treten diesmal besonders die Kontraste zwischen den dunklen Bereichen des Kopfes und dem Papieruntergrund stark hervor. Die hellen Farben wirken sehr natürlich.*

▼ *Cremefarbenes Papier bewirkt, daß die Farben und Töne in Darstellung des Pferdekopfes sehr natürlich und harmonisch wirken. Es entstehen keine zusätzlichen Kontraste durch die Farbigkeit des Untergrundes.*

Schritt für Schritt

Stangenbrot

Ein einfaches Stangenbrot kann ein gutes Modell für das praktische Üben verschiedener, in diesem Kapitel angesprochener Maltechniken sein. Die Wahl des Motivs ist immer von großer Bedeutung, sollte aber nicht zur Bedingung für das Malen oder Nicht-Malen werden. Manchmal kostet es den Malenden Mühe, ein interessantes Motiv als Modell zu finden. Tatsächlich kann das unscheinbarste Objekt ein durchaus wirkungsvolles Motiv sein. Bei einem Bild erhält jeder gut herausgearbeitete Gegenstand eine neue Dimension und ist der näheren Betrachtung würdig.

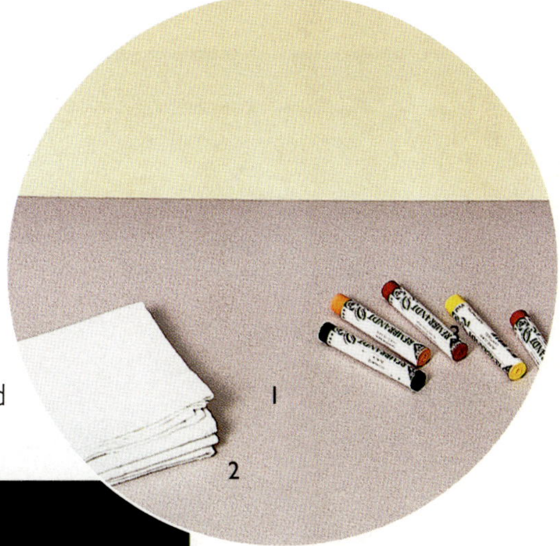

BENÖTIGTES MATERIAL

graues Papier (1) und Lappen (2), Pastellfarben (3).

1. Beginnen Sie die Skizze mit einer leuchtenden Farbe. Nach eventuell notwendigen Korrekturen setzen Sie den ersten Kontrast mit schwarzer Pastellfarbe. Der dunkle Strich folgt der unteren Linie und legt die Form des Brotes fest.

2. Verdunkeln Sie nun den Hintergrund mit schwarzer Pastellkreide. Der helle Brotlaib tritt dadurch noch stärker hervor. Mit der Fingerspitze verwischen Sie den gesamten Hintergrund. Das Brot selbst wird mit Goldgelb gemalt. Jede Gruppe von Linien gibt die entsprechende Form der Brotfläche wieder. Auf die gelben Striche zeichnen Sie jetzt erste Kontraste mit Rot; diese werden leicht – allerdings nicht vollständig – mit den Fingern vermalt.

4. An diesem Bildausschnitt können Sie sehen, wie wichtig es ist, daß in einigen Flächen der Strichcharakter unverändert bleibt. Während einige Striche völlig vermalt werden, bleiben andere während des gesamten Malprozesses erhalten. In diesem Wechsel liegt das Geheimnis der Pastellmalerei.

3. Der Hintergrund wird im oberen Bildteil vollständig verdunkelt, was einen massiven Kontrast bewirkt. In der unteren Bildzone vermalen Sie die dunkle Farbe und malen darauf mit Blau. Die Schatten des Brotlaibes werden in einem dunklen Ton gemalt, ohne diese Bereiche jedoch völlig auszufüllen. Mit den Fingern verwischen Sie diese Farbe leicht.

5. Der Kontrast zwischen der gesamten Hintergrundfläche und dem Brotlaib wird durch das vollständige Vermalen des Hintergrundes erreicht. Um einige Lichtpunkte zu erhalten, zeichnen Sie diese mit leuchtendblauer Farbe vor. Auf die vermalte Oberfläche des Stangenbrotes setzt man neue Striche, durch die die untere Farbe durchscheint. Benutzen Sie dafür ein sehr helles, orangefarbenes Ocker, das gut zwischen den Schatten hervortritt.

Bei der Gestaltung von Kontrasten sollten Sie zumindest in den ersten Malphasen versuchen, keine extremen Farben wie Weiß oder Schwarz zu verwenden. So können Sie besser mit den Tonstufen innerhalb der gleichen Farbe variieren.

6. Durch die Vermalung der verschiedenen Farben entstehen oft dumpfe Farbtöne. Um die fehlende Leuchtkraft in das Bild einzufügen, malen Sie erneut mit Blau im Bildvordergrund, diesmal benutzen Sie abgestufte Farbtöne. Ebenso werden auf den Brotlaib gelbe und smaragdgrüne Farbtupfer gemalt, um diesen Zonen Leuchtkraft zurückzugeben.

7. Der Tisch wird mit direkten Strichen in Kobaltblau gemalt, wodurch die dunklen Kontraste erhöht werden. Der obere Bildhintergrund kommt durch die Kontrastwirkung mit den Flächen aus violettem Karmin sehr gut zur Geltung. Abschließend legen Sie auf die Brotkruste einige starke Lichteffekte, was dem frisch gebackenen Brot ein mehliges Aussehen verleiht.

ZUSAMMENFASSUNG

THEMA

7 Hintergrund und Motiv

EINFACHE FARBAUFTRAGUNGEN

Bei allen Maltechniken sehen sich Anfänger mit einem wichtigen Problem beim Bildaufbau konfrontiert: dem Verhältnis zwischen Hintergrund und Motiv. Es ist weitaus anspruchsvoller, einen Gegenstand vor einem ein- oder mehrfarbigen Hintergrund darzustellen, als direkt auf einem Blatt weißen Papier. Auch die Verwendung eines farbigen Maluntergrundes hat einen großen Einfluß auf die Bildgestaltung und das Verhältnis von Modell und Hintergrund. In diesem Kapitel wollen wir verschiedene Möglichkeiten zur Gestaltung dieser Zweiteilung beim Bild behandeln.

Das Hauptmotiv eines Bildes ist nicht immer in eine Formengruppe eingebunden. Manchmal wird es vor einem einfarbigen oder mehrfarbig abgestuften Hintergrund dargestellt. Wenn die Elemente schlecht plaziert sind oder keine Ausgewogenheit in der Gesamtkonzeption besteht, kann die Hintergrundfläche unvollkommen wirken. Dieses Problem läßt sich durch einfache Korrekturen lösen. In der Pastellmalerei ist dies leicht möglich.

▼ *1. Die Früchte dieses Stillebens wurden auf einem neutralen Untergrund skizziert und erarbeitet. Es besteht keine Harmonie zwischen Objekt und Hintergrund, die Elemente wirken verloren im Raum. Die Ursachen dieses Problems liegen nicht bei einer schlechten malerischen Darstellung, sondern dem unausgewogenen Verhältnis zwischen Hintergrund und Motiv.*

▼ *2. Es ist nicht schwierig, ein Gleichgewicht zwischen Hintergrund und Motiv herzustellen. Einige Farbauftragungen, um Schatten zu gestalten, sowie die Ergänzung des Vordergrunds durch eine diagonale Linie verleihen dem Gesamtbild Dynamik und Geschlossenheit. Diese Aspekte werden von Malschülern oft nicht ausreichend beachtet. Wenn Sie jedoch an genügend Beispielen üben, werden Sie zunehmend Hintergrund und Motiv ins richtige Verhältnis setzen. Die gleichen Hintergrundkorrekturen kann man bei vielen Werken der Malerei beobachten.*

DIE GROßE FARBPALETTE

Es gibt viele Möglichkeiten, die bildnerische Beziehung zwischen Hintergrund und Motiv auszugleichen und zu korrigieren. In dieser Übung sehen wir, wie mit Hilfe von Farbeffekten schnell und unmittelbar die Gesamtgestaltung eines Bildes durch leichte Hintergrundkorrekturen verbessert werden kann. Durch den Einsatz von Farbe wird das Stilleben in eine einheitliche Form gebracht.

▶ *1. Das Skizzieren der Blume erfolgt unabhängig von der späteren Farbgestaltung. Achten Sie darauf, genau zu zeichnen. Anschließend wird die Blume mit gelben Kreiden ausgearbeitet. Nach Fertigstellung der Blume malen Sie den Hintergrund in verschiedenen Gelbtönen. Der Kontrast zwischen Hintergrund und Motiv ist minimal, allerdings besteht eine große Harmonie von Licht und Farben.*

▶ *2. Jetzt tragen Sie eine ockerfarbene Tönung auf, so daß sich das Motiv etwas vom Untergrund abhebt. Lassen Sie die gelbe Hintergrundfarbe in einigen Bereichen durchscheinen. Dadurch wirken die Kontraste sehr viel intensiver als beim Bild oben. Die verschiedenen Elemente der Gesamtkonzeption entwickeln sich zu einer Einheit. Das Werk erhält Atmosphäre, ein wichtiger Aspekt in der Malerei.*

Wenn wir uns mit Hintergrund und Motiv beschäftigen, konzentrieren wir uns auf die Beziehung zwischen den wichtigsten Bildelementen und ihrer Umgebung.

▶ *3. Tragen Sie nun auf dem gesamten Hintergrund dunkles Siena auf, um den Kontrast zwischen Motiv und Hintergrund weiter zu verstärken. Die Blume tritt dann deutlicher hervor. Wenn Sie die einzelnen Schritte dieser Übung betrachten, können Sie feststellen, daß sich jede Farbgestaltung des Untergrunds auch auf die Schattentöne der Blume auswirkt.*

FARBSCHICHTEN UND VERMALEN

Die Technik der Vermalung und Überlagerung mehrerer Farbschichten spielt auch bei der Bearbeitung des Verhältnisses von Hintergrund und Motiv eine wichtige Rolle. Es geht darum, die einzelnen Bildelemente durch visuelle Einschnitte deutlich voneinander zu trennen. Die Aufmerksamkeit wird auf die einzelnen Zonen des Bildes gelenkt. Die folgende Übung beschäftigt sich mit Vermalung und Farbschichten.

◀ *1. Eine einfache Bildkomposition mit zwei Hauptelementen, die durch die Gestaltung des Hintergrunds deutlich hervortreten. Die Strichführung ist gut zu sehen, sie wurde sehr gleichmäßig ausgeführt.*

▼ *2. Um die Flasche und Frucht stärker aus dem Hintergrund hervorzuheben, vermalen Sie die Striche der Elemente. Sie müssen bei der Bearbeitung mit den Fingern sehr vorsichtig vorgehen, damit die Form der Gegenstände nicht zerstört wird.*

▼ *3. Nach dem Vermalen des dunklen Hintergrunds können Sie das Gesamtbild durch die Zeichnung eines weiteren Elements bereichern. Verwenden Sie leuchtende Farben, die auf den Farbton des Hintergrunds abgestimmt sind. Zunächst treten sie durch ihre Leuchtkraft noch stark hervor.*

HERAUSARBEITEN DER FORMEN

In dieser Übung tragen Sie auf einen bereits gemalten Untergrund neue Elemente auf. Sie können die Wirkung der neuen Formen noch betonen, indem Sie den umgebenden Untergrund verändern. Beobachten Sie, wie der Hintergrund in die Herausarbeitung der verschiedenen Elemente einbezogen werden kann.

▶ *4. Die Früchte des Bildes heben sich noch nicht ausreichend von der Untergrundfarbe ab. Um dies zu erreichen, verstärken Sie den Kontrast, indem Sie den Hintergrund verdunkeln. Die Striche werden genauso wie bei der ersten Farbgestaltung aufgetragen. Die darunterliegende Schicht kann durch den neuen Farbauftrag wirken. Durch die Verdunkelung des Hintergrunds erhält das Bild große Leuchtkraft.*

▼ *5. Vermalen Sie die Ränder der Elemente des Stillebens im hinteren Bildbereich mit dem dunklen Hintergrund. Achten Sie jedoch darauf, daß nicht die Farben vermischt werden, sondern lediglich die Konturen.*

▼ *6. Einige Licht- und Glanzpunkte geben dem Gesamtbild die notwendige Leuchtkraft. Im Vordergrund können die Lichtpunkte sehr viel direkter ausgeführt werden; im Hintergrund sollten Sie diese zurückhaltender herausarbeiten.*

Schritt für Schritt

Landschaftsflächen

In dieser Übung lernen Sie, eine Gebirgslandschaft mit Bäumen und verschiedenen Vegetationsgruppen zu malen. Wir konzentrieren uns dabei besonders darauf, eine ausgewogene Beziehung zwischen Hintergrund und Motiv zu erzielen. Jeder Bildbereich erhält die notwendige Aufmerksamkeit und Bedeutung in der Gesamtkomposition. Sie können ein harmonisches Verhältnis von Vorder- und Hintergrund mit Mitteln der Farbgestaltung und Kontrastsetzung erzielen.

BENÖTIGTES MATERIAL

Pastellfarben (1), dunkelgrünes Papier (2) und Lappen (3).

1. Die Hauptelemente der Landschaft werden mit schwarzer Pastellfarbe skizziert, die sich deutlich vom Untergrund abhebt. Sie können bereits in dieser Malphase Prioritäten zwischen Hintergrund und Motiven setzen. Beobachten Sie, wie beim Baum im Vordergrund mit schwarzer Kreide ein Kontrast erzielt wird, der ihn sehr gut von den anderen kompositorischen Elementen abhebt.

2. Die Hauptflächen müssen voneinander getrennt werden, damit die Anordnung der einzelnen Bildbereiche gut sichtbar wird. Beginnen Sie zunächst mit dem Malen der am weitesten entfernt liegenden Himmelsflächen. Verwenden Sie dafür verschiedenfarbige Kreiden, um sehr differenzierte Flächen zu erhalten.

3. Vermalen Sie den gesamten Hintergrund mit den Fingern; es entsteht eine interessante Anzahl von Hell- und Dunkeltönen. Beobachten Sie, wie unterschiedlich das grüne Papier in den verschiedenen Farbbereichen wahrgenommen werden kann. Durch den Simultankontrast zum weißen Himmel wirkt das Grün des Papiers dunkler als in den Bereichen neben den Blauzonen.

4. Durch das Setzen von Lichtpunkten im Vordergrund erzielen Sie ein ausgewogenes Verhältnis zu den Hintergrundfarbtönen. Drücken Sie beim Malen der Lichtzonen der Bäume stark genug auf, damit der Papieruntergrund vollständig bedeckt wird. Sie können in diesem Bildbereich die Farbe des Papiers auch als zusätzlichen Farbton für die Ausgestaltung des Baumes nutzen.

5. Nun malen Sie die Hauptlichtflächen der Landschaft. Das Grün des Papiers wird als eigener Farbton in das Bild integriert und als Grundlage für die Auswahl weiterer Farbtöne verwendet. Verschmelzen Sie die Grüntöne des Hintergrunds. Zeichnen Sie mit hellen Grüntönen eine neue Fläche, die den hinteren Bildbereich vom Vordergrund trennt.

Die Beziehung zwischen dem Bildhintergrund und den Bildmotiven des Vordergrundes findet ihren malerischen Ausdruck in der Kommunikation von Farben, Tönen und Kontrasten der einzelnen Bildbereiche.

6. Arbeiten Sie jetzt an den Kontrasten. Durch die Verwendung von schwarzer Kreide, vor allem in der rechten Bildhälfte, bringen Sie die darunterliegenden Farbschichten stark zur Geltung. Verschmelzen Sie die Dunkeltöne, um die Papierfarbe besser ins Gesamtbild zu integrieren. Legen Sie jetzt im Bildvordergrund eine Farbfläche mit Graublau an; der Farbton dient als Grundlage für die letzte Farbabstimmung dieser Übung.

7. Da Sie in der Pastellmalerei direkt aus dem Malkasten arbeiten sollten, ohne Farbmischungen vorzunehmen, kann es vorkommen, daß Sie einen gewünschten Farbton nicht zur Hand haben. Dies ist jedoch nicht kritisch, da Sie immer auf einen ähnlichen, verwandten Farbton ausweichen können. Malen Sie mit Hellgrün die leuchtenden Bereiche des Rasens. Für die Schatten im Vordergrund verwenden Sie Dunkelblau und Grau. Zum Schluß werden auf den Baum im Vordergrund leuchtende Tupfer gesetzt. Die gesamte Baumgruppe fügt sich jetzt harmonisch in den Himmelshintergrund ein.

ZUSAMMENFASSUNG

Durch das Malen des Himmels werden die Landschaftsflächen abgegrenzt; die Blautöne müssen mit den sonst verwendeten Farben abgestimmt werden.

Direkte hellblaue Effekte verbinden den Hintergrund mit den Bildmotiven des Vordergrundes.

Die Glanzstellen der Bäume finden ihre Entsprechung in den Lichtpunkten des Himmels.

Die Farbe des Papiers schaut durch die Schattierungen und Striche hindurch und fügt sich als zusätzliche Farbe in das Gesamtbild ein.

THEMA

8 Kontraste und Farben

ABSTUFUNGEN

Unter Abstufung versteht man den allmählichen Übergang einer Farbe in eine andere. Sie ist eine der wichtigen Merkmale der Pastellmalerei. Sie haben bereits im Verlaufe der einzelnen Kapitel unterschiedliche Arten der Abstufung angewendet. Auf den folgenden Seiten werden Sie gezielt an farblichen Abstufungen und Kontrasten arbeiten. Mit einer Reihe von Abstufungen können Sie zu miteinander verschmelzenden Tonreihen unterschiedlicher Farben gelangen.

Zum Erreichen aller Arten von farblichen Vermalungseffekten eignen sich Pastellkreiden hervorragend. Die Begriffe Vermalen und Vermischen von Farben dürfen allerdings nicht verwechselt werden. Letzteres sollte in der Pastellmalerei nicht praktiziert werden. Vermalen ist eine wichtige Hilfstechnik des Malprozesses. Sie können dadurch sehr naturgetreue Darstellungen erreichen. Wenn keine sanften Vermalungseffekte gewünscht werden, können Sie statt dessen kontrastierende Farbflächen nebeneinander auftragen.

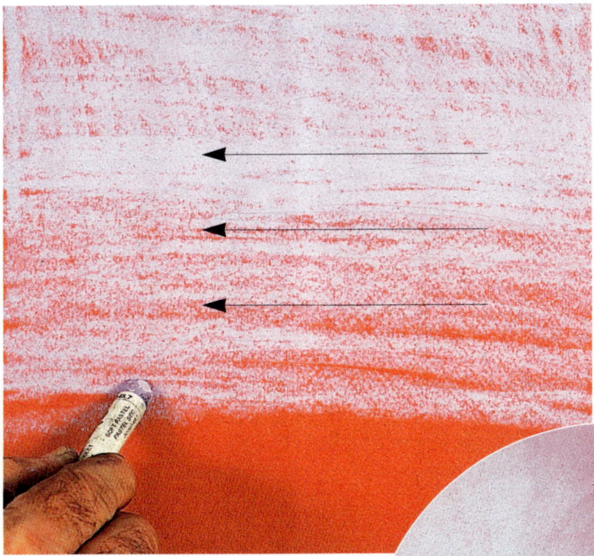

▼ 1. Bevor Sie mit der Abstufung beginnen, müssen Sie die als Bildgrundlage dienende Farbe auf das Papier auftragen. Ziehen Sie die Anfangsstriche vorsichtig in Richtung der beabsichtigten Vermalungsrichtung. Dies ist wichtig für ein gleichmäßiges Verschmelzen der Farben. Tragen Sie die Grundfarbe ganz gleichmäßig auf.

▼ 2. Fahren Sie mit den Fingern vorsichtig über die Oberfläche des Papiers. Folgen Sie der horizontalen Strichführung. Linien, die klar definiert stehenbleiben sollen, dürfen nicht berührt werden.

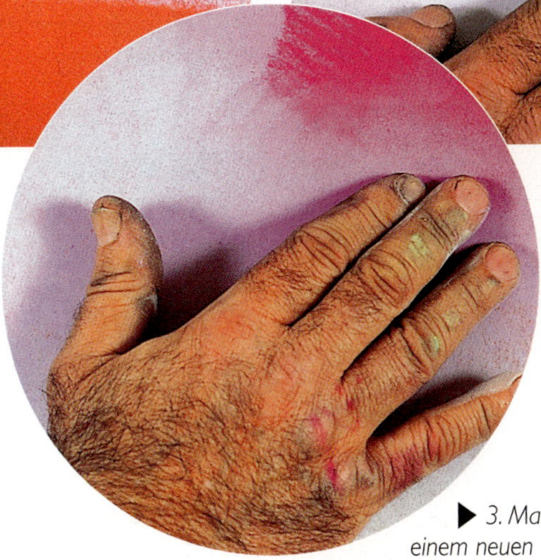

▶ 3. Malen Sie nun auf die Grundlage mit einem neuen Farbton. Vermalen Sie ihn sanft mit der darunterliegenden Schicht, um eine sanfte Abstufung zu erreichen. Achten Sie darauf, daß die Farbtöne nicht vermischt, sondern nur an den Übergängen fließend vermalt werden.

FARBTÖNE

Die einzelnen Farbfamilien bieten vielfältige Abstufungsmöglichkeiten. Wenn Sie mit den verschiedenen Stufen innerhalb einer Farbgruppe vertraut sind, können Sie mit einer Palette von Tönungen arbeiten. Im Gegensatz zu rein zeichnerischen Techniken erreicht die Pastellmalerei plastische Darstellungen jeglicher Art mit Hilfe von farblichen Abstufungen. Die folgende Übung beschäftigt sich mit dem Vermalen von dunklen auf hellen Farbtönen.

▶ *1. Der Darstellung des Früchtestillebens anhand von Farbtönen liegt zunächst ein zeichnerisches Konzept zugrunde. In dem Moment, wo die Farbigkeit der Papierunterlage ein Teil der gesamten Farbgebung wird, erhält die zeichnerische Methode eine malerische Komponente. Malen Sie die Früchte mit einer hellen Farbe und integrieren Sie dabei den farbigen Untergrund.*

▶ *2. Arbeiten Sie mit dunklem Strich auf der ersten gelben Farbschicht, um die Schatten der Früchte zu zeigen. Vermalen Sie die Striche anschließend, ohne die Farben großflächig zu vermischen.*

▶ *3. Malen Sie den gesamten Hintergrund mit einem sehr dunklen und die Tischoberfläche mit einem orangenen Farbton aus. Dadurch entsteht ein starker Kontrast zwischen Vorder- und Hintergrund. Anschließend vermalen Sie die Flächen mit den Fingern. Zur Abstufung sollten Sie bevorzugt auf Töne einer Farbskala zurückgreifen, das heißt in diesem Fall auf warme Farbtöne.*

KONTRASTE VON FARBEN UND TÖNEN

Farben können in unterschiedlicher Form herausgearbeitet werden. Wie Sie gesehen haben, eignet sich das Vermalen von Farben besonders, wenn Sie sanfte Übergänge schaffen und dadurch das Volumen von Gegenständen herausarbeiten wollen. Man kann sich aber auch für eine andere Arbeitsweise entscheiden. Die einzelnen Farbflächen werden nicht vermalt, sondern bilden starke Kontraste miteinander. Diese Verfahrensweise bringt sehr unmittelbare Ergebnisse von großer Leuchtkraft hervor. Bei der folgenden Übung erzielen wir Effekte auf unterschiedliche Weisen: Die erste basiert auf der Vermalung von Farben und die zweite auf dem direkten Farbkontrast.

Zum Ausprobieren der optischen Wirkung bestimmter Kontraste sollten Sie vor Zeichenbeginn eine Probe auf dem gewünschten Papier machen. Wollen Sie auf einem weißen Untergrund arbeiten, können Sie für die Proben herkömmliches Schreibpapier verwenden.

▼ *1. Die Vorzeichnung hat eine bedeutende Schlüsselfunktion für den thematischen Aufbau eines Pastellbildes. Die obige Skizze kann als Entwurf der beiden folgenden Übungen dienen. Es genügen einige wenige Linien, um die Formen der Früchte anzudeuten.*

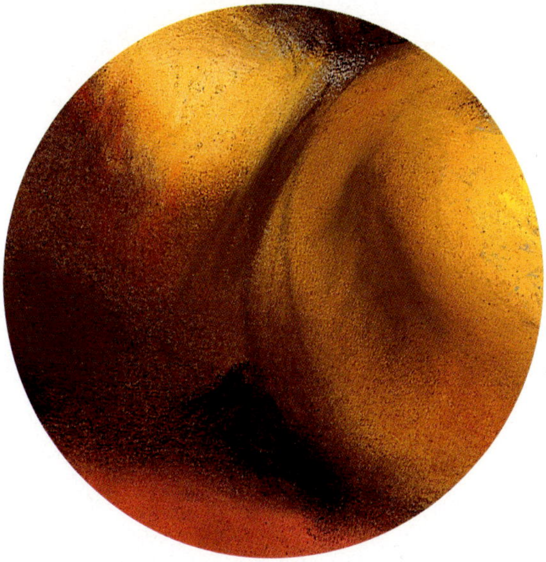

▼ *2. In diesem vergrößerten Bildausschnitt können Sie die vermalten Farbtöne und die Abstufungen von dunkel auf hell genau erkennen. Sowohl die Schattenfläche als auch die mittleren Farbtöne verschmelzen sanft auf den darunterliegenden Schichten.*

▼ *3. Auf dem fertigen Werk sehen Sie, wie sich Schatten und leuchtendere Farbe harmonisch zusammenfügen. Die hellen Töne bilden dabei keinen massiven farblichen Kontrast, sondern einen Simultankontrast, d. h. Hell- und Dunkeltöne verstärken sich gegenseitig.*

▼ 1. *Die Ausgangsskizze dieser Übung ist die gleiche wie auf der vorherigen Seite. Die ersten Linien dienen dem Aufbau der Arbeit. Dann tragen Sie kontrastreiche Farben auf. Diese ersten Striche werden entschieden und sehr spontan gesetzt.*

FARBKONTRASTE

Im ersten Teil der Übung haben Sie gesehen, wie helle und dunkle Töne der gleichen Farbskala miteinander verschmolzen werden können. In der zweiten Variante findet ein völlig anderer farblicher Aufbau statt. Diesmal besteht der Kontrast nicht zwischen abgestuften Tönen, sondern konträren Farben. Widmen Sie den einzelnen Farbflächen besondere Aufmerksamkeit und beobachten Sie, wie die Farben untereinander reagieren.

▼

2. Obwohl einzelne Farbbereiche vermalt werden, können Sie in diesem Ausschnitt sehen, wie der frische und unmittelbare Gesamteindruck erhalten bleibt. Vermalte Bildbereiche stehen neben solchen, die ihren ursprünglichen Strichcharakter bewahrt haben und bei denen man sowohl die Körnung des Papiers als auch dessen Farbe erkennen kann.

▶ 3. *Für diese Arbeit ist es wichtig, daß die Farben in starkem Kontrast zueinander stehen. Die Gestaltung der Übergänge zwischen den Farbbereichen ist aber ebenfalls wichtig. Wenn möglich sollten sich Farben der verschiedenen Farbskalen nicht überlagern; wenn dies jedoch geschieht, sollte es so unauffällig und sanft wie möglich sein. Sie können beispielsweise die Farbe Blau mit einer anderen kalten Farbe vermalen, jedoch nicht mit einer Farbe aus der warmen Skala.*

Schritt für Schritt

Meereslandschaft

Das Vermalen und Abstufen von Farben wird Ihnen bei jedem Pastellbild begegnen. Manchmal wird die Farbe als verschwommene Fläche aufgetragen, die sich auf dem Papier ohne feste Grenzen ausbreitet; andere Male wird die Farbe innerhalb genau festgelegter Formen aufgetragen und die Strichführung sichtbar sein. Sie können die verschiedenen Stiltechniken in der folgenden Übung ausprobieren. Das Ziel ist die malerische Darstellung einer Meereslandschaft.

BENÖTIGTES MATERIAL

Pastellfarben (1), blaues Papier (2) und Lappen (3).

1. Die ersten Schritte eines Pastellbildes haben stark zeichnerischen Charakter. Da die Grundskizze schnell von verschiedenen Farbschichten überdeckt wird, braucht diese keine zu genaue Strichführung aufzuweisen. Legen Sie die Horizontlinie für diese Übung sehr weit oben an, damit ausreichend Platz für die Meeresfläche ist.

2. Für die Meereslandschaft verwenden Sie die kalte Farbskala, d. h. die Skala der blauen und grünen Farben. Die Effekte des Bildes entstehen vor allem durch Abstufungen von Farbtönen und Nutzung der Farbigkeit der Papierunterlage. Zeichnen Sie zunächst den schmalen Himmelsstreifen; dann tragen Sie für das Meer ein kräftiges, leuchtendes Blau auf, das mit dem Papieruntergrund kontrastiert. Für den Bereich der sich brechenden Wellen benutzen Sie weiße Kreide und vermalen die Striche anschließend.

3. Legen Sie über das Weiß des Meeresschaumes einige Tupfer blauer Farbe und vermalen diese leicht mit den Fingern. Der Rand wird mit grüner Kreide gezeichnet, daneben malen Sie mit Blau. Abschließend werden die Ränder der Farbflächen vermalt. Nun arbeiten Sie rechts an der Brandung mit kräftigen weißen Farbstrichen.

4. Ausgehend von der Horizontlinie arbeiten Sie an der Abstufung verschiedener Blautöne. Sie beginnen mit Ultramarin, wobei das Papier nicht vollständig bedeckt werden sollte, sondern die Papierfarbe in einigen Bereichen durchscheint. Es läßt sich ein deutlicher Unterschied zwischen einzelnen Blauflächen des Meeresbildes feststellen. Der gesamte Farbbereich, der dem weißen Schaum entspricht, wird mit kräftigen Strichen gemalt.

Die leuchtendsten Farben werden für die stärksten Lichtpunkte vorbehalten. Malen Sie die intensivsten Glanzstellen und Kontraste zum Schluß.

5. Vermalen Sie die weiße Farbe im unteren Bildbereich, wo sich das Wasser an den Klippen bricht, mit dem Untergrund. Setzen Sie eine Serie von weißen Strichen auf die vermalte Fläche. Auf die schwarzen Felsen im Vordergrund werden blaue Schatten aufgetragen, die so vermalt werden, daß die einzelnen Felsen eine klare Form erhalten. Arbeiten Sie an den Formen im Hintergrund unter Verwendung der Finger.

Die Hintergrundfarbe wird grob vermalt, um eine Farbgrundlage ohne genaue Details und Umrisse zu schaffen.

6. Für die Darstellung des Meeresschaumes werden sowohl vermalte Weißflächen als auch klar sichtbare Striche verwendet. Sie müssen darauf achten, daß sich das Weiß sanft in den blauen Untergrund integriert. Nachdem die Farbschicht vermalt wurde, setzen Sie neue, weiße Farbeffekte.

7. Zwischen den beiden Schaumzonen werden einige neue Farbverschmelzungen vorgenommen. Im oberen Teil dieses Bildbereiches setzen Sie vorsichtig die flache Pastellkreide ein, damit die Papiertextur gut zur Wirkung kommt. Die dunklen Felsbereiche werden mit der Kreidespitze umrissen. Abschließend tragen Sie zur Schaffung von Lichteffekten noch einige weiße Tupfer auf die horizontale Linie des Meeresschaumes auf.

ZUSAMMENFASSUNG

Der Mittelteil markiert die unterschiedlichen Bildflächen; unterhalb der Linie wird sehr viel detailgetreuer gearbeitet.

Die erste weiße Farbschicht wird mit dem Blau des Untergrundes verschmolzen.

Nachdem die Töne der Brandung vermalt wurden, bringen neue Farbauftragungen Textur und Kontraste zur Wirkung.

Auf die schwarzen Felsen wird mit Blau gemalt.

THEMA

9 Das Fixieren

DAS FIXIEREN DER ERSTEN SCHICHT

Erste Schichten können immer dann fixiert werden, wenn sie nicht mehr korrigiert werden müssen oder als feststehende Grundlage für weitere Farbschichten dienen sollen. Fixierspray ist ein gutes Arbeitsinstrument, vorausgesetzt es wird in Maßen und im richtigen Moment eingesetzt. In diesem ersten Beispiel werden einige Hilfsmittel vorgestellt, die Ihnen vor und nach dem Fixieren des zeichnerischen Entwurfs gute Dienste leisten werden.

Beim Fixieren gehen Sie das Risiko ein, die schon mehrfach angesprochene Spontanität und Frische der Pastellmaltechnik einzubüßen. Daher sollten Sie die richtige Anwendung von Fixierern erlernen, denn diese erfüllen in den frühen Arbeitsphasen oftmals eine wichtige Funktion. Dieses Kapitel soll Ihnen die dazu notwendigen Grundkenntnisse vermitteln und Sie mit Methoden vertraut machen, die Sie in der Pastellmalerei einen wichtigen Schritt voranbringen werden.

▼ 1. Die Skizze kann sowohl in Linien als auch in Schattierungen angefertigt sein und durch zusätzliche Strichelchen präzisiert werden. Sie sollten dabei mit der Kreide nicht zu stark aufdrücken, um bei Korrekturen keine Kerben auf dem Papier zurückzubehalten.

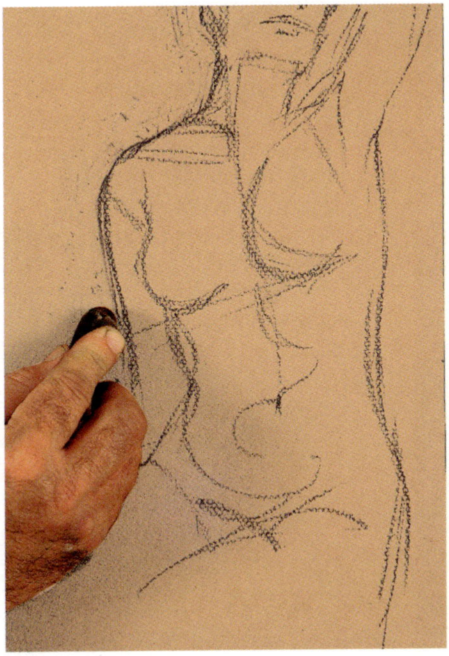

▼ 2. Ein Radiergummi hilft beim Festlegen der endgültigen Linien, so daß der Entwurf eine wesentlich genauere Struktur erhält. Eine gut aufgebaute Zeichnung ist immer die beste Grundlage für ein erfolgreiches Malen. Die Grundlinien sollten am Ende frei von ablenkenden Strichen auf dem Papier stehen.

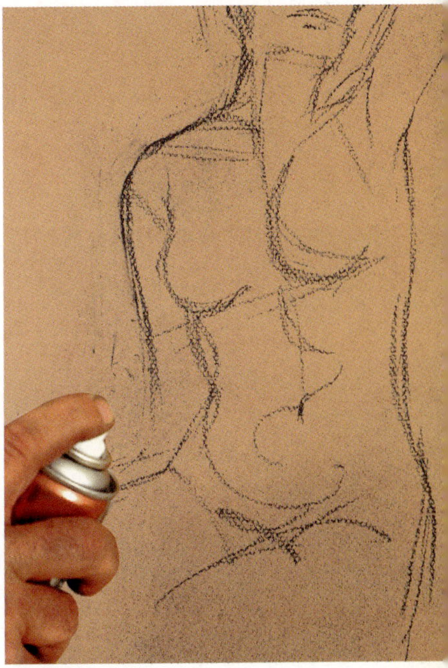

▼ 3. Beim Fixieren muß ein ausreichender Abstand zwischen Fixativ und Papier bestehen, damit das Bild von einem gleichmäßigen Film überzogen wird und sich keine Tropfen bilden. Ist die Zeichnung einmal fixiert, können Korrekturen nur noch durch stellenweises Übermalen angebracht werden.

▶ *1. Bevor Sie das Bild weiter bearbeiten, sollten Sie unbedingt warten, bis das Fixativ vollständig getrocknet ist. Feuchte Stellen erkennen Sie an einem gewissen Glanz, der beim Trocknen vollständig von der Oberfläche weicht. Im allgemeinen trocknet der Fixierer jedoch sehr rasch und ermöglicht so ein fast sofortiges Auftragen weiterer Striche.*

WEITERE FARBSCHICHTEN AUF FIXIERTEM GRUND

Der Fixierungsprozeß ermöglicht die Sicherung der Anfangszeichnung, dient aber auch der Stabilisierung bestimmter Schattierungs- oder Farbeffekte, die in das Endergebnis eingebunden werden sollen. Vorzunehmende Korrekturen an später aufgetragenen Details beeinträchtigen so nicht die bereits zur Zufriedenheit bearbeiteten Stellen, da diese nicht mehr veränderbar sind.

Auf der vollständig fixierten Vorzeichnung können weitere Farbaufträge vorgenommen werden. Korrekturen der bereits fixierten Farbschicht sind dann nicht mehr möglich, sollten daher also unbedingt vor dem Fixieren vorgenommen werden.

▶ *2. Wenn Sie die neuen Farbschichten mit den Fingern verwischen, bleibt die im ersten Teil der Übung fixierte Zeichnung erhalten und sichtbar. So sehr Sie auch reiben, sie wird nicht mit dem Untergrund verschmelzen.*

3. Auf der vorgefertigten Unterlage kann das Bild jetzt mit direkten Schattierungen und Strichen neu angelegt werden. Es werden sowohl Kontraste, die das Hauptmotiv vom Hintergrund abgrenzen, als auch Lichtpunkte, die das Volumen der Formen andeuten, eingesetzt, wobei der Untergrund vollständig hindurchscheint. Jetzt sollte das Bild nicht noch einmal fixiert werden, da sonst der Pastellstaub verklebt. ▲

KORREKTUREN UND BILDAUFBAU

In der Pastellmalerei gibt es viele Möglichkeiten und Kunstgriffe. Das Übereinanderlegen von Farbschichten beispielsweise ist eine Technik, die gestalterische Erweiterungen während der gesamten Ausarbeitung ermöglicht. Um neue Farbschichten sauber auftragen zu können, ist es hilfreich, untere Schichten mit Fixativ zu stabilisieren.

1. Wie Sie im vorhergehenden Beispiel sehen konnten, kann die Anfangsskizze fixiert werden, sobald sie vollständig erstellt ist. Selbst bei einem einfachen Landschaftsentwurf kann dieses Hilfsmittel sehr nützlich sein. Wie Sie im folgenden feststellen werden, sind bei diesem Beispiel für die aufzutragenden Farbeffekte einige genau festgelegte Linien erforderlich, damit die ursprüngliche Struktur nicht verlorengeht. Es ist hingegen nicht von Bedeutung, ob bei der Anfangsskizze überflüssige Linien aufgetragen wurden, sie werden ohnehin bei der farblichen Ausarbeitung vollständig bedeckt.

2. Nach dem Fixieren der als Grundlage dienenden Skizze, wird mit den ersten Farbschattierungen begonnen. Diese werden angelegt und dann mit den Fingern verwischt, ohne daß dabei die ursprüngliche Zeichnung beeinträchtigt wird. Dank des Anfangsentwurfs können durch deckenden Farbauftrag Korrekturen und Berichtigungen an den Landschaftsformen vorgenommen werden. Selbst wenn radiert werden muß, gehen die unteren Schichten nicht verloren.

3. Da bereits einige interessante Farbeffekte erzielt worden sind, das Bild jedoch noch nicht vollendet ist, wird noch einmal ganz schwach fixiert. Dieses Verfahren schafft erneut eine sehr stabile Grundlage, auf der wieder alle Pastelltechniken angewandt werden können, ohne daß die unteren Schichten dabei verändert werden. Denken Sie immer daran, daß das Fixieren bei Pastellfarben niemals mit zu großer Intensität erfolgen darf und auch auf dem fertigen Werk unterlassen werden sollte.

EFFEKTE AUF FIXIERTEM GRUND

Das Fixieren der Farbschichten ist in der Pastellmalerei eine gute Methode, um eine Grundlage für die weiteren Arbeitsschritte zu schaffen. Wie bei verschiedenen Gelegenheiten angemerkt wurde, wird das Fixativ jedoch nur in den ersten Ausarbeitungsphasen eingesetzt, damit die abschließende Strichführung frisch und ursprünglich bleibt.

▶ *1. Eine fixierte Grundlage ist für die weitere Bildbearbeitung mit neuen Farbanbringungen geeignet. Hier können Sie sehen, wie die Wolken auf den Untergrund gemalt und vermalt werden, ohne sich mit den anderen Farben zu vermischen. Alle gewünschten Korrekturen an der Zeichnung müssen nun mit Hilfe neu aufgetragener Farbschichten erfolgen. Auf eben die Weise, wie die Wolken ohne eine Veränderung der Untergrundfarbe angelegt wurden, werden auf den Baum Striche und Schattierungen gesetzt, wobei die fixierte Grundlage partiell hindurchscheint.*

▶ *2. Im Bodenbereich werden die Details direkt gesetzt; der Untergrundton dient als Basis für neue, mit der Kreidespitze aufgetragene Farbstriche. In diesem Teil des Bildes können die verschiedenen Effekte von direkten Strichen und vermalten Flächen kombiniert werden.*

Das Fixativ schafft eine Grundlage, auf welcher der Pastellstaub besonders gut haftet und gegebenenfalls Impasti angebracht werden können.

▶ *3. Es erweckt einen frischen Eindruck, wenn die abschließende Farbschicht nicht fixiert wird. Wie Sie sehen, scheinen die unteren Schichten zwischen den präzise angelegten neuen Zonen hindurch. Die oberen Farbtöne haben sich beim Vermalen nicht mit den Farben des Untergrundes vermischt, was dem Pastell zu uneingeschränkter Frische verhilft.*

Schritt für Schritt
Blüten

Das Fixieren ist in der Pastellmalerei eine sehr effektive Hilfstechnik, die allerdings unbedingt zum richtigen Zeitpunkt eingesetzt werden muß. Anderenfalls kann es passieren, daß eine mit viel Fertigkeit begonnene Arbeit durch das einfache Aufsprühen von Fixiermittel am Ende zum Scheitern verurteilt ist. Auf keinen Fall darf am Ende des Malprozesses fixiert werden, da der Farbstaub verklebt und der spontane Charakter des Pastellbildes verlorengeht. In dieser Übung sollen zarte Blumen abgebildet werden, wobei die Reinheit der Farben im Mittelpunkt des künstlerischen Interesses steht.

BENÖTIGTES MATERIAL

Pastellfarben (1), dunkelblaues Papier (2), Fixierspray (3) und Lappen (4).

1. Wenn Sie ein Papier von sehr dunkler Farbe gewählt haben, ist es am besten, die Zeichnung in einem sehr hellen Pastellton anzulegen. Hier wurde weiße Pastellfarbe auserkoren. Führen Sie den Entwurf der Hauptlinien mit sehr raschen Bewegungen aus und legen Sie nur die notwendigen Flächen an, ohne dabei auf Details einzugehen.

2. Beginnen Sie mit den Schattenzonen der oberen Blume in einem grauen Farbton, welcher auf dem dunklen Untergrund noch immer sehr leuchtend wirkt. In reinem Weiß legen Sie die leuchtenden Zonen an und haben so bereits alle Töne plaziert, die Sie für die Ausarbeitung der Blumen benötigen. Um die äußeren Konturen der Blumenform hervorzuheben, wird im Hintergrund Marineblau aufgetragen, eine der schönsten und leuchtendsten Farben der Pastellskala. Vermalen Sie mit den Fingern ein wenig Weiß auf dem blauen Untergrund: Das Ergebnis ist ein neuer, viel weißlicherer Blauton als zuvor.

3. Im folgenden wird die obere Blume mit direkten, weißen Farbauftragungen ausgestattet, auf denen ein Grau für die mittleren Schattentöne angelegt wird. Vermalen Sie die zu abrupt hervortretenden Kontraste, ohne die Form der gezeichneten Blütenblätter vollständig aufzuheben. Die Untergrundfarbe des Papiers fungiert als trennende Dunkelzone zwischen den Blütenblättern.

4. Fügen Sie einige ganz direkte, weiße Farbeffekte zur Wiedergabe der Glanzlichter hinzu. Das Zentrum der Blume wird mit einigen leuchtenden Strichen von orangener und gelber Farbe gezeichnet. Malen Sie mit raschem Strich in Dunkelgrün den Stengel, ohne in Details zu gehen. Nach diesem Arbeitsschritt wird eine Schicht Fixiermittel auf das gesamte Bild gesprüht. Achten Sie auf angemessenen Abstand, damit sich das Spray auf der Oberfläche des Papiers nicht zu stark konzentriert. Der Pastellstaub soll nicht verdichtet werden; es genügt ein leichtes Benetzen, um die soweit ausgeführte Arbeit gegen weitere Veränderungen zu schützen.

5. Das erste Arbeitsstadium wurde zur Stabilisierung gegenüber den späteren Auftragungen fixiert. Alle weiteren Vorgänge werden die untere Schicht nicht beeinträchtigen. Das neu aufgetragene Grau auf dem linken Blütenblatt der oberen Blume beispielsweise kann über die unteren Schichten verrieben werden, ohne deren Verlauf zu verwischen. So wie diese Schattierung werden nun auch die Lichtflächen der äußeren Blütenblätter angelegt und weitere, orangefarbene Striche hinzugefügt, die die Schattenzonen bereichern.

Verwenden Sie nur Pastellfixative von Markenherstellern. Qualitätsprodukte bieten die bestmögliche Garantie für Wirksamkeit und vielseitige Anwendungsmöglichkeiten.

6. Die Grautöne bei der unteren Blume wurden ebenfalls vollständig fixiert. Daher können auch in diesem Bereich weitere Tonauftragungen vorgenommen werden, ohne daß das Vermalen dieser Farben die untere Schicht in irgendeiner Weise verändert. Da Sie die Anfangsschattierung fixiert haben, kann die Farbe ohne ungewollte Mischeffekte verrieben werden.

7. Legen Sie abgestufte Farbflächen an, die die an den Rändern einer der jeweiligen Untergrundfarbe entsprechende Tönung annehmen. Auf diese Weise können neue Grautöne ebenso wie ganz genau gesetzte Glanzpunkte aufgetragen werden. Zum Schluß brauchen Sie nur noch einige ganz direkte, rote und gelbe Tupfer hinzufügen.

ZUSAMMENFASSUNG

Eine dunkle Papierfarbe erfordert einen sehr hellen Entwurf, der in diesem Fall mit weißer Pastellkreide ausgeführt wird.

Die Konturen der Blumen heben Sie mit einem blauen Ton hervor, welcher noch intensiver ist als jener der Papierunterlage.

Details und Glanzlichter auf den Blütenblättern werden in leuchtendem Weiß eingezeichnet.

Die Grautöne an der unteren Blume werden auf die bereits fixierten Pastellschichten aufgetragen.

THEMA

10

Hintergrund und Papierfarbe

DIE PAPIERFARBE

Wenn Sie die Papierfarbe als Grundton in Ihr Bild einbeziehen wollen, darf sie nicht vollständig bedeckt werden. Der Untergrund muß aktiv an der Komposition beteiligt sein und sich in die Skala der verwendeten Farben einfügen. Es entsteht durch diesen Kunstgriff eine besondere Atmosphäre, in welcher das Papier durch seine Farbe zum Bestandteil des Motivs wird.

Ein interessanter Aspekt der Pastellmaltechnik ist die Tatsache, daß untere Farbschichten durch neu aufgetragene Farben hindurchscheinen können. Dieser Effekt ist der Körnung des Papiers zu verdanken. So können Sie den Farbton des Malgrundes nicht nur als eigenständige Farbe in das Gesamtbild einfließen lassen, sondern ihn auch in abgedämpfter Form unter einer aufgetragenen Farbe wirken lassen.

▼ *1. Anhand eines einfachen Motivs soll ausprobiert werden, wie sich die Papierfarbe in den Gestaltungsprozeß integrieren läßt. Als Grundlage wurde ein leuchtend rotes Papier ausgewählt. Stellen Sie den Teller mit einem Oval dar, für die Äpfel genügen ungefähre Kreise.*

▼ *2. Färben Sie den Hintergrund ein, um die Konturen der Äpfel hervorzuheben. Malen Sie nun das Umfeld der Äpfel. Für den Teller empfehlen sich sehr helle Töne, die für die Reflexe bestimmten Stellen spart man vorerst aus. Wenn Sie auf farbigem Papier arbeiten, verleihen sowohl die hellen als auch die dunklen Töne der Grundfarbe einen bestimmten Tonwert. Verwenden Sie leuchtende Töne, so fügt sich die Farbe des Papiers als Farbe mittleren Tonwertes in die Darstellung ein.*

◀ *3. Zum Abschluß brauchen Sie nur noch einige präzise, den Lichteinfall widerspiegelnde Glanzpunkte einsetzen. Tragen Sie dazu eine helle Farbe direkt auf — im Notfall können Sie diese mit den Fingern abschwächen.*

DER HINTERGRUND

Bevor Sie mit der Arbeit am Hauptmotiv beginnen, sollten Sie sich überlegen, wie der Hintergrund aussehen soll. Besonders wenn die Struktur des Hintergrundes durch die Gestaltung des Hauptgegenstands verändert werden könnte, sollten Sie diesen unbedingt vorher gestalten und mit Fixativ stabilisieren. Dieses Verfahren schützt Ihre Grundlage vor unerwünschten Farbvermischungen. Widmen Sie dem Arbeitsschritt, der nach dem Fixieren eingeleitet wird, Ihre ganz besondere Aufmerksamkeit.

▶ *1. Den ersten Schritt bildet die Gestaltung des Hintergrunds. Dabei ist es wichtig, auch jene Bereiche einzubeziehen, die später verdeckt sein werden, um die Stimmung des Ortes einzufangen. Stellen Sie sich einfach vor, Sie entwerfen ein Bühnenbild, vor welchem Sie später Ihr Hauptmotiv angemessen inszenieren können.*

▶ *2. Wenn Sie diesen Arbeitsschritt vollendet haben, können Sie zum Fixierer greifen. Das Fixativ wird in einem Abstand von etwa 30 Zentimetern aufgesprüht – in einer dünnen Schicht, damit die Farbe nicht auf dem Papier verklebt. Ab diesem Zeitpunkt ist der Hintergrund nicht mehr veränderbar und dient als Basis für die Vordergrundgestaltung.*

▶ *3. Der Fixierer muß vollständig eingetrocknet sein, bevor die Vordergrundelemente der Landschaft angelegt werden können. Die in dieser Arbeitsphase beabsichtigten Korrekturen werden keinen Einfluß mehr auf die vorherige Schicht ausüben, da diese fixiert wurde. Gestalten Sie nun Bäume und Boden im Vordergrund – der festgelegte Hintergrund scheint wirkungsvoll zwischen den Baumstämmen hindurch.*

HARMONIE IN DER FARBAUSWAHL

Wenn die Farbe des Malgrunds in die Gestaltung des Hintergrunds einfließt, können Sie die von Ihnen verwendete Farbskala darauf abstimmen. In der folgenden Übung wird beispielsweise auf tabakfarbenem Papier gemalt. Alle bei der Ausarbeitung verwendeten Farben werden derselben Farbskala angehören: Auf diese Weise bewirken Sie eine besondere farbliche Harmonie in Ihrer Darstellung.

◀ *1. Tabakfarbenes Papier ist für diverse Themen hervorragend geeignet, da es die ideale Grundlage für eine Skala von Naturtönen bildet. Der Entwurf sollte mit einer recht zarten Farbe gezeichnet werden, damit keine zu starken Kontraste entstehen. Er muß allerdings auch deutlich genug sein, um für die weitere Ausarbeitung genutzt werden zu können.*

▼ *2. Der Einsatz von tabakfarbenem Papier bedingt allerdings nicht, daß alle verwendeten Töne Variationen eben dieser Farbe sind. Es stehen Ihnen alle Farbtöne der warmen Skala zur Verfügung, vorzugsweise die Erdfarben.*

◀ *3. Zum Schluß werden die Kontraste herausgearbeitet, wodurch der Umriß des Vogels deutlicher hervortritt. Wie Sie sehen, scheint der Farbton des Papiers auf harmonische Art und Weise unter und zwischen den eingesetzten Kreidefarben hindurch. Das Papier stellt sowohl die Grundlage für alle Farben als auch das verbindende Element in der Komposition.*

SCHATTIEREN UND VERMALEN AUF FARBIGEM HINTERGRUND

Auf den vorhergehenden Seiten wurde die Papierfarbe als Grundlage für die Bildbearbeitung eingeführt. Dies ist ein grundlegender Aspekt der Pastellmalerei. Pastellfarben wirken immer sehr viel leuchtender und eindrucksvoller, wenn sie auf farbigem Papier eingesetzt werden. Die folgende Übung ist recht einfach: Es gilt, aufgetragene Linien, Schattierungen und ausgesparte Bereiche zu kombinieren.

▶ *1. Die Anfangsskizze wird mit einem sehr hellen Blau angefertigt, wobei auch die Bereiche bestimmt werden, die frei bleiben sollen. Die Farbe des Papiers entscheidet während der gesamten Arbeit über die zu verwendenden Farbtöne. Die Papierfarbe entspricht außerdem dem leuchtenden Blau einiger Blumen.*

▼ *2. Im Umfeld der Blumen werden sehr leuchtende Farben verwendet, mit denen Sie ruhig fest aufdrücken sollten, um die Papierkörnung in einigen Bildzonen vollständig zu bedecken. Die roten Blumen werden in Karmin und Rosa angelegt. Die blauen Blüten werden bei der Farbanlage ausgespart, ihnen entspricht die Papierfarbe.*

▶ *3. Die Glanzpunkte auf den blauen Blumen malt man mit kleinen, sehr hellblauen Farbtupfern. In einigen Bereichen wird dieser Blauton vermalt, so daß er sich ausgezeichnet in das dunkle Blau des Malgrunds einfügt.*

Schritt für Schritt

Landschaft

Wenn Sie die Papierfarbe als gestalterisches Element nutzen, wird sie Bestandteil der Farbskala. Mit diesem Effekt beschäftigt sich die folgende Übung, die Abbildung einer Landschaft mit einer sehr eingeschränkten Farbskala. Ziel ist es, zu lernen, die Papierfarbe als zusätzlichen Ton zu nutzen und sie gekonnt in das Bild zu integrieren. Achten Sie unbedingt darauf, daß diese Übung auf Karton vollzogen wird, dessen Textur sich grundlegend von der des üblichen Zeichenpapiers unterscheidet.

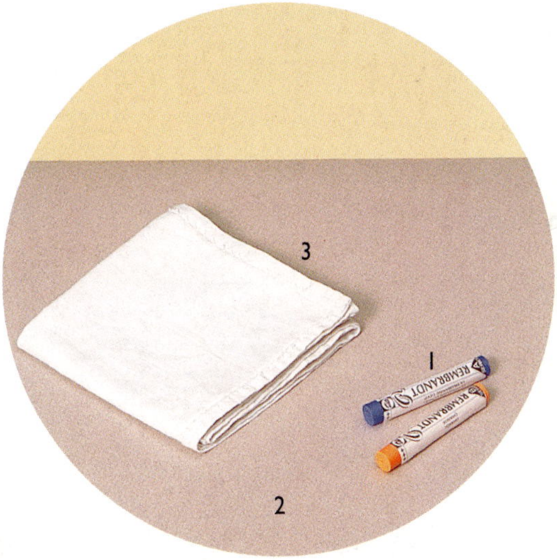

BENÖTIGTES MATERIAL

Pastellfarben (1), grauer Karton (2) und Lappen (3).

1. Beginnen Sie mit der Landschaftsskizze; diese ersten Linien müssen keine explizit darstellende Funktion haben, sondern nur zur Orientierung beim Farbauftrag dienen. Nutzen Sie die unterschiedlichen Möglichkeiten beim Zeichnen mit der Kreidenseite, die sowohl quer als auch längs zur Strichführung gehalten werden kann. Wie Sie sehen, werden die Baumkronen in zarten Strichen mit der Längsseite skizziert, während die Bodenpartie in sehr dichten Linien mit der Querseite zum Strich angelegt wird.

2. Der Pastellstaub haftet auf dem Karton viel stärker als auf dem Papier. Sie müssen daher darauf achten, die Poren, die bei diesem Material ohnehin enger sind, nicht mit der ersten Farbschicht zu verstopfen. Legen Sie mit leichter Hand Orange auf, die Untergrundfarbe scheint durch die Strichtextur hindurch.

3. Wenn Sie die orangene Farbe über das Blau legen, vermischen Sie einen Teil davon mit den Fingern: Sie erhalten so einen grünlichen Ton. Es werden nur diese zwei Pastellfarben benutzt. Die blaue Farbe ist für die Kontraste verantwortlich, die die einzelnen Bildelemente abgrenzen. Das Orange verleiht dem Gesamtbild Atmosphäre; außerdem kann man damit die blaue Farbe abschwächen und Mischtöne hervorbringen.

Das Skizzieren mit der Kreidenseite ermöglicht eine sichere und sehr ausdrucksstarke Zeichnung.

4. Wie Sie feststellen können, muß die Grundfarbe trotz der weiteren Farbanbringung in den verschiedenen Bildteilen erhalten bleiben. Sie steht in direktem Kontrast zum aufgetragenen Blau, welches die Schattenbereiche wiedergibt, und verleiht der Komposition die notwendige Leuchtkraft. Auf der rechten Bildseite drückt man beim Malen fest auf, damit das Blau dicht und deckend ist. Beim Baum in der Mitte werden Blau und Orange abwechselnd aufgetragen und vorsichtig mit den Fingern vermischt, ohne dabei die Strichführung vollständig zu verwischen.

5. Vermalen Sie nun beide Farben auf dem Gebüsch im Hintergrund. Um diesem Plastizität zu verleihen, werden auch einige direkte Kontraste in Blau angelegt. Die Baumstämme werden im Gegenlicht gemalt, wodurch sowohl die Kartonfarbe als auch das Orange des Himmels stärker zur Geltung kommen. Beobachten Sie, wie die Töne verschmelzen und wie die übereinandergelegten Farben zu nuancierten Mischfarben führen. An einigen Stellen ist der blaue Strich sehr dicht, an anderen berührt er kaum den Karton, wodurch die orangene Farbe und das Kartongrau weiterhin durchscheinen.

Karton hat sehr enge Poren. Wenn er als Untergrund benutzt wird, rutscht man leichter mit dem Strich ab.

6. An dieser Stelle wird den direkten, sowohl blauen als auch orangenen Farbeffekten mehr Kraft verliehen. Die Arbeit konzentriert sich auf den Bodenbereich im Vordergrund. Zunächst werden mit Blau die Kontraste verstärkt; darauf und auch auf die vermalten Bereiche direkt mit orangenen Farbtupfern Schattierungen gesetzt. Legen Sie ebenfalls etwas Orange auf den dunklen Bereich rechts, um dessen Dominanz zu brechen.

7. Zum Abschluß dieser Landschaftsdarstellung werden die Töne des Bodenbereichs leicht vermalt und durch erneute Orangeanwendungen ergänzt. Zuletzt färben Sie die umfangreiche Vegetation auf der rechten Seite blau ein; auf diese Weise wird sie ausgedehnt. Beobachten Sie, wie die Farbe des Malgrunds durch die aufgetragenen Töne hindurchscheint und so ein frisches und ursprüngliches Endergebnis bewirkt.

ZUSAMMENFASSUNG

Färben Sie den gesamten Malgrund orange ein. Das Arbeiten mit der Kreidenseite ermöglicht einen lockeren Strich, durch welchen die Kartonfarbe zu sehen ist.

Die Kontraste werden in Blau angelegt; diese Farbe ermöglicht eine perfekte Darstellung des Gegenlichteffektes.

Wenn Orange über Blau gelegt wird, verwischt die zuerst aufgetragene Farbe, so daß interessante Mischfarben entstehen.

Die direkten Orangeaufträge verleihen der Landschaft mehr Leuchtkraft und bewirken einen viel stärkeren Kontrast zwischen den Tönen.

THEMA

11 Tiere

ENTWÜRFE UND SKIZZEN

Tiere zählen zu den reizvollsten Motiven überhaupt. Mit Pastellkreiden können Sie besonders schöne Abbildungsergebnisse erzielen, da sich durch Linien und verwischte Flächen jede Art von Textur – sei es Haut, Fell oder Gefieder – nachbilden läßt. In einem der vorhergehenden Kapitel wurde bereits ein Vogel gemalt, in einem anderen ein Pferd. Es empfiehlt sich, die dort vorgestellten Vorgehensweisen noch einmal zu rekapitulieren, bevor Sie sich an schwierigere Übungen wagen. Anhand der Beispiele dieses Kapitels soll gezeigt werden, daß sich Tiere – wie alle Naturerscheinungen – ausgehend von ganz einfachen Grundformen skizzieren lassen.

Die Pastelltechnik eignet sich hervorragend für das Anfertigen von Skizzen, welche für das Gelingen von Tierbildern sehr wichtig sind. Einerseits ist sie eng mit den Zeichentechniken verwandt, andererseits bietet sie die Möglichkeit, alle Arten von Flächen und Linien zu erzeugen, mit denen sich die Formen eines Motivs festhalten lassen. Für die Skizzen und Bilder der Tiere in diesem Kapitel sollen ausschließlich Pastellfarben verwendet werden. Das Geheimnis eines gelungenen Bildes liegt dabei nicht so sehr im Strich selbst als darin, was man mit ihm bewirken kann.

▼ 1. *Mit Pastellkreiden lassen sich die verschiedenartigsten Linien zu Papier bringen. Um die Tierart zu bestimmen, beginnen Sie am besten damit, Entwürfe und Flächen mit dem flachen Seitenstück der Kreide aufzutragen. Mit einigen entschiedenen Strichen kann man die Form eines jeden Tieres andeuten. Bei diesem ersten Entwurf sollten Sie besonders der Rückenlinie des Tieres und den Proportionen zwischen den einzelnen Körperteilen Ihre Aufmerksamkeit widmen. Die hier abgebildete Skizze wurde nur mit Pastellkreiden angefertigt.*

▶ 2. *Nun werden die wichtigsten Konturen gezeichnet und die Formen mit Hilfe dunkler Töne herausmodelliert. Bevor Sie beginnen, die Textur des Fells auszuarbeiten, sollten Sie durch hellere Töne an direkt beleuchteten Stellen und zusätzliche dunkle Töne in den Schattenbereichen den Einfall des Lichts genauer bestimmen.*

◀ 3. *Es ist nicht nötig, alle Konturen zu zeichnen, da die Gestalt des Tieres auch durch die zu Beginn aufgetragenen Linien verdeutlicht wird. Sie können die Skizze also mit einigen prägnanten Umrißlinien abschließen.*

DAS KOLORIEREN

In dieser Übung soll ein chromatisches (wörtl.: in Halbtönen voranschreitendes) Verfahren vorgestellt werden, bei welchem die Farbe von zentraler Bedeutung ist. Man sollte sich in Erinnerung rufen, daß es sich beim Kolorieren um eine Technik handelt, bei der helle und dunkle Stellen durch den Einsatz reiner Farben und nicht durch Tonwerte oder Abstufungen wiedergegeben werden. Da Pastellfarben unvermischt aufgetragen wer-den, bietet sich hier das Kolorieren ganz besonders an.

▶ *1. Beim Kolorieren spielt das Papier eine besondere Rolle, da die Hintergrundfarbe zum Bestandteil des Bildes werden kann. Hier wurde ein Malgrund ausgewählt, dessen Farbton sich stark von denen der verwendeten Kreiden unterscheidet. Die ersten Linien dienen dem Entwurf. Zur Vereinfachung reduzieren Sie dabei die Anatomie des Tieres auf eine Zusammensetzung geometrischer Figuren. In unserem Beispiel besteht das entworfene Schema aus ovalen Formen. Bei der Ausarbeitung dieses Schemas zum Entwurf sollten Sie eine Farbe verwenden, die sich nicht allzu deutlich vom Hintergrund unterscheidet, damit Fehler und Korrekturen nicht so sehr ins Auge fallen.*

▶ *2. Ist die Zeichnung soweit vollendet, verstärkt man die Hauptlinien. Bevor Sie mit dem Farbauftrag beginnen können, müssen Sie dem Entwurf noch den letzten Schliff geben, indem Sie mit der Spitze der Kreide formgebende Umrißlinien einzeichnen und/oder mit der flachen Seite farbige Flächen anlegen. Dabei gilt es, bereits Farbtöne zu verwenden, die im Kontrast zu den später anzubringenden hellen Partien stehen.*

Um im Umgang mit Pastellfarben sicher zu werden, hilft nur üben. Es empfiehlt sich, Versuche auf der Papiersorte anzustellen, die Sie für Ihr Bild verwenden möchten.

▶ *3. Legen Sie nun auf den gut ausgearbeiteten Entwurf mit den angedeuteten Farben sehr viel deutlichere Striche. Die helleren Töne stehen dabei oft unmittelbar neben den sehr dunklen: Der direkte Kontrast steigert die Wirkung der Farben. Die Textur des Gefieders verdeutlicht man hier nicht durch Farbvermischungen oder -abstufungen, sondern indem man sehr helle Töne über die bereits angelegten dunklen Farben fiedert, wobei diese aber unbedingt durchscheinen müssen.*

LINIEN UND FLÄCHEN

Die Kombination verschiedener Techniken ist der Schlüssel für das Malen von Tieren. In den vorhergehenden Übungen wurde die Tierdarstellung unter zwei Gesichts-punkten betrachtet: dem der Skizze und dem der Farbgebung. Nun soll gezeigt werden, daß das Bild nicht in einer einzigen Technik der Linien- oder Flächendarstellung gefertigt werden muß. Erst in der Kombination aller Verfahren liegt die Lösung für die plastische Darstellung von Formen und Strukturen.

◀ *1. Zu Beginn des Kapitels wurde gezeigt, wie sich die Gestalt eines Tieres recht einfach mit flächigen Strichen skizzieren läßt. In dieser Übung soll hingegen die Umrißzeichnung im Vordergrund stehen. Sobald der Entwurf beendet ist, verreibt man ihn mit den Fingern, um ihn mit dem Hintergrund zu verbinden, wobei die Zeichnung erkennbar bleiben muß.*

▼ *2. Eine Fläche kann ebenfalls hervorragend als Grundlage für die Darstellung eines Tieres dienen. Die Andeutung von Formen durch eine Fläche weckt die Phantasie und hilft dabei, die weiteren Linien ohne das Modell vor Augen, also aus dem Kopf, anzulegen. Die fertiggestellte Fläche kann durch direkte Striche verstärkt werden, die an einigen Stellen in den Hintergrund übergehen; der ursprüngliche Umriß des Tieres muß dabei allerdings gewahrt werden.*

◀ *3. Ziel dieser Übung ist es, ein Gleichgewicht zwischen Linien und Flächen herzustellen. Einige Stellen des Tierkörpers werden durch verwischte Flächen angedeutet, andere mit präzisen Strichen ausgearbeitet.*

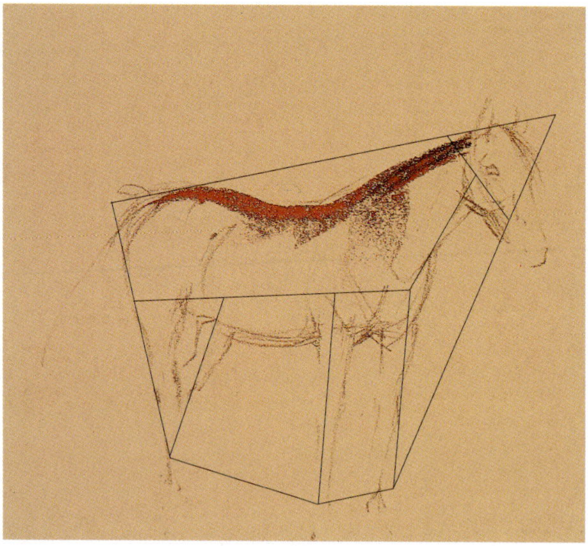

▼ *Anhand dieser Zeichnung, auf die gleiche Weise entworfen wie die Bilder der vorhergehenden Seiten, läßt sich erkennen, aus welchen Grundformen sich ein Pferd zusammensetzt. Die Halslinie wurde mit flächigem Strich gezogen, ihre längliche, geschwungene Form geht perfekt in Rücken und Kruppe über.*

VERGLEICHENDES STUDIUM VON ZWEI TIEREN

Diese Übung soll dabei helfen, die charakteristischen Grundstrukturen verschiedener Tiere zu erkennen und abzubilden. Vergleiche sind immer nützlich, wenn man noch lernt, vor allem, wenn man kritisch und genau vergleicht. Bei diesen beiden Studien sollten Sie die Aufmerksamkeit zunächst auf das Verhältnis zwischen Kopf, Rumpf und Beinen eines jeden Tieres richten. Schon in den ersten schematischen Skizzen hält man wichtige Proportionsunterschiede fest.

Hier sehen Sie zwei vollständig ausgearbeitete Tierbilder. Diverse Proportionsunterschiede fallen sofort ins Auge, sowohl in der Beinpartie als auch bei den anderen Körperteilen. Auch die Beingelenke sind Eigenheiten – sie hängen von der Konstitution des Tieres ab. ▲

Diese Skizze einer Kuh folgt dem gleichen Schema. Man erkennt sofort die unterschiedlichen Proportionen des Halsbereiches im Verhältnis zum ersten Bild. Körpergröße und die Form der Köpfe differieren ebenfalls stark. In diesem Stadium lassen sich bereits die auffälligsten Ähnlichkeiten und die gravierenden Proportionsunterschiede ausmachen. ▲

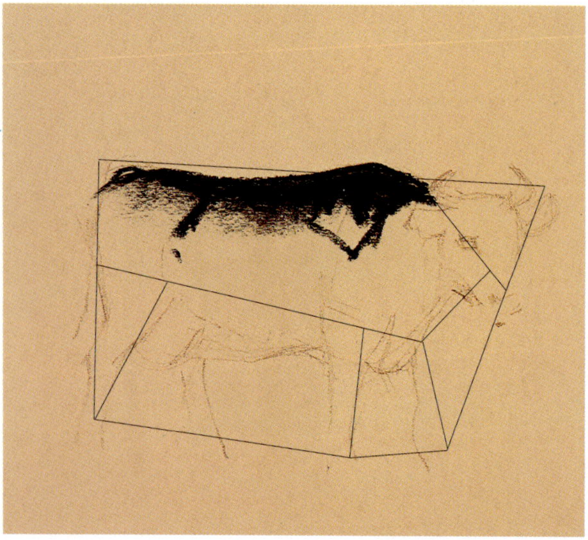

Schritt für Schritt

Weidendes Pferd

Die Darstellung von Tieren gehört zu den anspruchsvollsten Themen – das gilt nicht nur in der Pastellmalerei, sondern auch für jede andere Maltechnik. Pastellfarben eignen sich jedoch recht gut für Tierstudien, da ihre direkte Anwendung technisch dem Zeichnen ähnelt und man sehr strukturiert arbeiten kann. In dieser Übung nun soll dieses schöne Tier gemalt werden. Verfolgen Sie das Verfahren von Anfang an sehr aufmerksam. Diese Übung ist zwar komplexer als die vorhergehenden, doch sollte die Ausarbeitung keine übermäßigen Schwierigkeiten bereiten, wenn die Grundformen stimmen.

BENÖTIGTES MATERIAL

Pastellkreiden (1), weißes Papier (2) und Lappen (3).

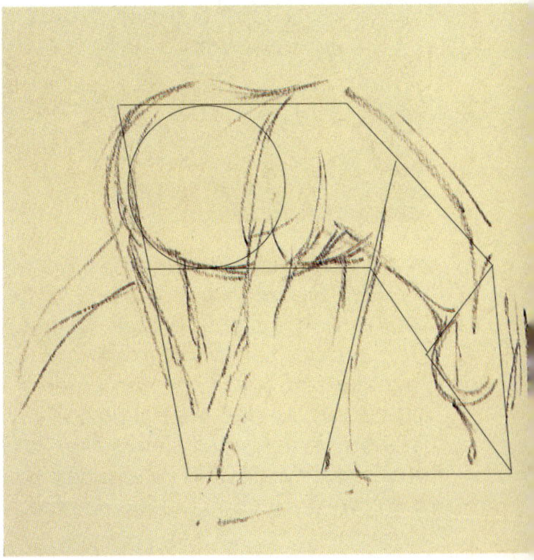

1. Wenn Sie noch nicht über ausreichende Erfahrung verfügen, ist es sinnvoll, ein möglichst einfaches Schema auf dem Papier zu entwerfen. Auf diese Weise erhalten Sie eine Struktur, die ein sicheres und genaues Arbeiten gewährleistet. Um eine gute Richtlinie zu haben, zeichnet man zuerst das Schema des Modells. Wie Sie sehen, läßt sich das Pferd problemlos in elementare geometrische Formen gliedern. Diese Aufteilung in Formen ermöglicht es, die entstehenden Grundformen weiter zu unterteilen.

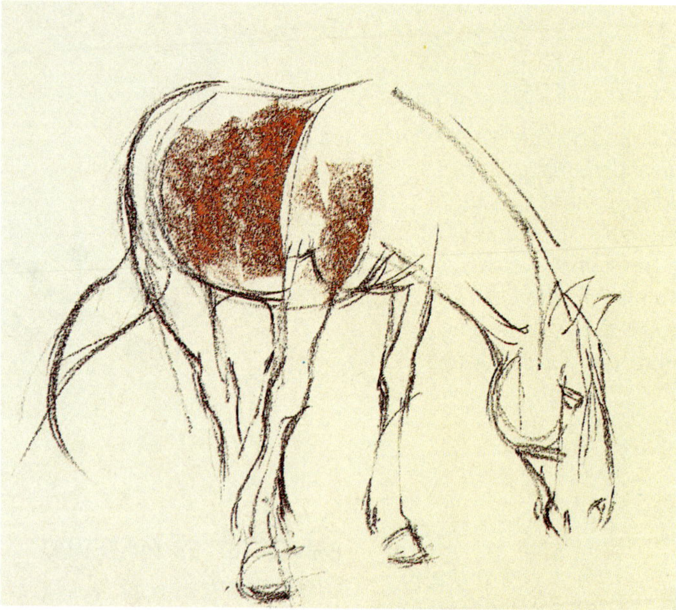

2. Ausgehend von diesem Schema können Sie nun eine klar gegliederte Zeichnung ausarbeiten, in der sich die anatomischen Formen des Tieres sowie seine individuellen Züge durch Linien darstellen lassen. Mit der flachen Seite der Kreide beginnt man, den Körper des Pferdes zu malen. Der Leib läßt sich rasch mit geschwungenem Strich erfassen. Durch diese Linien werden bereits einige Bereiche des Körperbaus festgelegt, so etwa die Kruppe oder die Muskelpartie des Hinterbeins.

3. Wenn Sie die Flächen des Pferdes anlegen, ist es wichtig, nicht nur eine Farbe zu benutzen. Sie müssen schon jetzt an die Töne denken, die später aufgetragen werden, und dabei beachten, daß die Zusammenstellung einen sorgfältig modellierten Übergang zwischen den Farben ermöglicht. Nach der roten Farbe malen Sie in einem Orangeton. Über die bereits aufgetragenen Farben legt man partiell eine leichte schwarze Schraffur, um die dunkleren Bereiche herauszuarbeiten. Die aufgetragenen Töne vermalt man mit den Fingern, wobei man sich bemüht, die Formen herauszuarbeiten.

4. Wenn Sie die Stellung des Tieres genau beobachten, können Sie den variierenden Lichteinfall am hinteren Teil seines Körpers einschätzen. Man wählt einen dunkleren Ton aus der Farbskala, in der der Körper des Pferdes gehalten ist, und färbt den unteren Teil des Bauches damit ein, so daß die hellen Stellen durch den Kontrast stärker hervorgehoben werden. Zur hellsten Stelle am Knie des Pferdes hin verwischen Sie etwas Farbe, damit sich dieser Bereich gräulich einfärbt.

5. Die stärksten Kontraste werden mit schwarzer Pastellkreide gemalt; sie bilden letztendlich den Umriß der Körperformen des Pferdes. Die Mähne, die Schatten der Beine und der Schwanz werden ebenfalls schwarz gefärbt. Verreiben Sie mit den Fingern schwarze Pastellfarbe, um den Bauch des Pferdes zu modellieren. Dann beginnen Sie, in Hellgrau die lichten Stellen aufzutragen.

Bei jeder Arbeit in Pastell müssen zunächst die Formen und Farbflächen aufgetragen werden. Die Kontraste und Details arbeitet man erst am Schluß heraus.

6. Fahren Sie fort, die stärksten Kontraste mit Schwarz herauszuarbeiten, und vermischen Sie die neu aufgetragenen Striche mit den darunterliegenden Schichten. Am unteren Teil der Beine sollte die schwarze Farbe in den Ton des Papiers hinein verrieben werden. Einige Stellen, etwa den hinteren Teil des Pferdes, überarbeitet man direkt mit erdroter Farbe.

7. Die weitere Arbeit beschränkt sich im wesentlichen auf den Kopf des Pferdes, wo die Farbe ebenso wie beim übrigen Körper modelliert, kontrastiert und verwischt werden soll. Hier müssen Sie wegen zahlreicher Feinheiten ganz besonders vorsichtig mit dem Anbringen der Schatten sein. Schließlich trägt man den hellen Farbton des Mauls auf und verreibt ihn über die zuvor aufgetragenen Töne. Um die Detailtreue zu wahren, vermeidet man stets, den Strich ganz zu verwischen.

ZUSAMMENFASSUNG

Beim Entwurf muß die endgültige Gestalt aus einfachen geometrischen Formen aufgebaut werden.

Zuerst wird die Farbe auf den Bauch des Tieres aufgetragen; die Richtung der Linien erleichtert das spätere Modellieren der Formen.

Einige Stellen an den Beinen werden aufgehellt, indem Sie die Farbe mit dem Finger leicht über das weiße Papier verreiben.

Mit schwarzer Pastellfarbe färben Sie die dunklen Stellen und auch die Beine des Tieres ein.

THEMA

12 Himmel

DIE FARBEN DES HIMMELS

Der Himmel hat keine bestimmte Farbe; tatsächlich taucht jede Farbe des Regenbogens irgendwann am Himmel auf. Atmosphäre, Tageszeit und Wetterverhältnisse bedingen die Färbung des Himmels. Auf den folgenden Seiten werden einige Farbtöne und technische Kniffe gezeigt, mit deren Hilfe sich eine große Vielfalt von Himmelsmotiven entwickeln läßt.

Der Himmel ist eines der wichtigsten Elemente im Landschaftsbild. Eigentlich stellt er sogar ein eigenständiges Thema dar, das sich allein oder unter Einbezug anderer Motive entwickeln läßt. In diesem Kapitel soll der Himmel zu wechselnden Tageszeiten und unter verschiedenen Klimabedingungen gemalt werden. Die Gestaltung des Himmels erlaubt es, die vielfältigen Möglichkeiten der Pastelltechnik auszuschöpfen.

▼ *1. Das Bild eines Himmels basiert auf verschiedenen, untereinander abgestuften Farben. Zu Beginn sollten Sie diese Farben in eine natürliche Ordnung bringen. Lassen Sie in der Farbauswahl ruhig eine übertrieben wirkende Vielfalt zu. Oft nämlich ist die Übertreibung gar keine, denn die Natur kann die Palette des farbenfreudigsten Malers überbieten. Anfangs müssen die Farben unvermischt und in breiten Streifen aufgetragen werden, so daß die Töne einander an den Rändern überlappen.*

▼ *2. Verwischen Sie mit den Fingern die einzelnen Farbstreifen; die Reihenfolge ist wichtig, weil einige Bereiche zwar verrieben werden, aber sauber bleiben müssen. In diesem Beispiel beginnt man damit von oben. Beim Vermalen unterschiedlicher Farbtöne müssen Sie sachte vorgehen, um einen fließenden Übergang zu erreichen.*

◀ *3. Nach dem Vermalen können Sie sich mit der Spitze der Pastellkreide an einige Details machen. Dieses punktuelle Vorgehen ermöglicht es, leuchtende Stellen und verschiedene Lichteinflüsse am Himmel zu betonen.*

▶ *1. Wollen Sie einen heiteren Himmel malen, sollten Sie mit dem obersten Ton beginnen, der fast immer auch der dunkelste und reinste ist. Grund ist die wahrgenommene Konzentration der atmosphärischen Schicht, je weiter man den Blick hin zum Horizont verlagert. Unter diesen ersten Farbstreifen setzen Sie weitere, so daß man eine Tonabstufung erreicht. Es ist wichtig, daß die unmittelbar über der Horizontlinie gelegene Farbe durch ihre Helligkeit hervorsticht; an dieser Stelle erreicht die wahrgenommene atmosphärische Schicht die größte Dichte und schmälert die Farbintensität des Himmels.*

FLÄCHIGE DARSTELLUNG VON HEITEREN HIMMELN. DIE HORIZONTLINIE

Zu den leichteren Aufgaben zählt die Darstellung eines wolkenlosen oder schwach bewölkten Himmels. In diesen Fällen muß der Farbauftrag besonders nuancenreich sein, da sich die Farbe des Himmels, wie in der vorhergehenden Übung verdeutlicht wurde, aus zahlreichen Schattierungen zusammensetzt. Auf dieser Seite soll ein heiterer Himmel unter besonderer Beachtung des Farbtonwechsels am Horizont gemalt werden; eine leichte Übung, durch die sich viele Situationen in der Landschaftsmalerei sicher bewältigen lassen.

▶ *2. Es genügt, mit den Fingern leicht über die aufgemalten Farbstreifen des Himmels zu streichen, um jeden einzelnen zu einer homogenen Farbmasse zu verarbeiten und an den Übergängen mit den anderen Farbtönen zu vermalen. Auf die Tonübergänge müssen Sie dabei besondere Aufmerksamkeit richten, da die hellen oder leuchtenden Farben durch eine weiter oben liegende dunklere Farbe leicht verschmutzen.*

▶ *3. Bei einer letzten Abstimmung können Sie die abgestufte Gesamtfläche um helle Töne bereichern. Auf der geschaffenen Farbgrundlage sind noch viele Ergänzungen möglich, wie etwa auf der Abbildung, wo eine Wolke darübergesetzt wurde. Eine wichtiger Punkt ist dabei der Gebrauch der weißen Farbe; wie Sie sehen, wird außer an besonders hellen Stellen kein reines Weiß aufgetragen.*

DIE TAGESZEIT

Es wurde bereits erwähnt, daß sich der Himmel mit dem Tageslicht verändert. In dieser Übung soll der Himmel über der gleichen Landschaft zu drei verschiedenen Tageszeiten dargestellt werden: zuerst bei Tagesanbruch, wenn der Horizont sich rötlich einfärbt, dann zur Mittagszeit, wenn der lichterfüllte Himmel gelbliche Schattierungen am Horizont aufweist, schließlich soll ein fast schon nächtlicher Abendhimmel gemalt werden, auf dem die Blautöne tief werden und ins Mauvefarbene neigen.

1. Der Himmel kann bei Tagesanbruch und zu Beginn des Sonnenuntergangs gleich aussehen: die Sonne am Horizont sättigt die Atmosphäre mit rosafarbenen Tönen und erzeugt in den untersten Sphären fast irreal wirkende Farben. Mit Pastellkreiden lassen sich diese Licht- und Farbwirkungen leicht einfangen, auch nachdem die erste Farbschicht aufgetragen ist. Allerdings müssen Sie beim Abmischen der Töne besonders vorsichtig sein, damit diese nicht trübe werden.

2. Zu Mittag erreicht die Lichtintensität am Himmel ihren Höhepunkt; die Blautöne werden rein und gesättigt. Am Horizont lassen sich an veschiedenen Tagen unterschiedliche Töne beobachten; an sehr warmen Tagen sieht man, je nach Region, in der Luft einen rötlichen oder gelblichen Film.

3. In der Abenddämmerung sieht man stets sehr kontrastierende Farbtöne: einerseits die Farben der Nacht – tiefe Violett- und Blautöne –, andererseits das verschwindende Licht im Westen. Die letzten Sonnenstrahlen werden durch helle Pastellfarben wiedergegeben, die einige Streifen am Himmelszelt rosa und orange einfärben. Auch in diesem Fall sollten Sie beim Mischen der Töne besonders sorgfältig vorgehen, um die Leuchtkraft der hellsten Farben so weit wie möglich zu erhalten. Diese leuchtenden Töne werden zuletzt aufgetragen, vermischt und übereinandergelegt.

WOLKEN

Wolken können viele Formen, Farben und Strukturen annehmen. Entgegen dem ersten Eindruck verdichten sie sich nicht willkürlich, sondern lassen sich, gemäß ihren Entstehungsbedingungen, in Kumulus (Haufenwolke), Zirrus (Federwolke) und Stratus (Schichtwolke) unterteilen. Je nach ihrer Höhe, Dichte und der Tageszeit lassen diese Wolkentypen mehr oder weniger Sonnenlicht hindurch; so werden einige Bereiche aufgehellt, während andere dunkler scheinen. In dieser Übung sollen Gewitterwolken gemalt werden: Achten Sie dabei vor allem auf die Tonübergänge und Kontraste.

▶ *1. Die Wahl des Papiers ist wichtig, wenn Sie dessen Farbe nutzen wollen. Hier soll ein Grauton als Grundlage der Gewitterwolkendarstellung dienen. In dieser Übung sollte man keine Lücke am Himmel sehen, denn die gesamte Aufmerksamkeit richtet sich auf die Ausarbeitung der Wolkengebilde. Zuerst werden die Grundformen der Gewitterwolken gezeichnet, anhand derer Sie im weiteren die maßgeblichen hellen und dunklen Schattierungen entwerfen können.*

▶ *2. Man trägt zunächst die hellen Farben auf und läßt dabei die mittleren Grautöne frei, um den Farbton des Papiers zu nutzen. Dafür können Sie elfenbeinweiße, reinweiße und sogar neapelgelbe Farbtöne verwenden. Auch die dunkleren Töne werden nun angelegt; sie entsprechen den Schattenbereichen. Wie Sie sehen, fügt sich der Farbton des Papiers bestens in die Farbkonstellation der Gewitterwolken ein, und das bereits bevor die aufgemalten Töne verwischt wurden. Durch die auffälligen Lichtbereiche wurde auch das Volumen der Gebilde schon klar herausgearbeitet.*

▶ *3. Jetzt werden die dunklen und die hellen Töne mit den Fingern auf dem Papier vermalt; so lassen sich die Formen der Wolken herausmodellieren. Auch die Farbe des Malgrundes können Sie auf diese Weise um die erwünschten Nuancen bereichern. Wenn alle Farben verwischt sind, fügen Sie weitere Töne hinzu, um bestimmte Bereiche herauszustellen und zu präzisieren oder an anderen Stellen Lichteffekte zu erzeugen.*

Schritt für Schritt
Rötlicher Himmel

Die Darstellung des Himmels in Pastellfarben ist eine dankbare und ergiebige Arbeit. Sie benötigen keine detailliert ausgearbeitete Zeichnung, um damit beginnen zu können, und auch auf eine anspruchsvolle Vorstudie können Sie verzichten, selbst wenn Sie einen bestimmten Himmel zu malen gedenken. Außerdem kann schon die richtige Wahl des Abbildungszeitpunkts den Ausschlag für ein gelungenes Bild geben. Dieser Übungsvorschlag ist ein gutes Beispiel dafür.

BENÖTIGTES MATERIAL

Pastellkreiden (1), graues Papier (2) und Lappen (3).

1. Die Vorzeichnung ist hier nicht so wichtig wie bei vielen anderen Motiven, doch wird sie als verläßliche Richtlinie dienen, um die verschiedenen Bildebenen herauszuarbeiten und die Farben richtig aufzutragen. Zeichnen Sie die Konturenlinien mit der Spitze der Pastellkreide so genau, daß sich der Umriß der Erde deutlich vor den Wolken abzeichnet. Der Erdboden wird mit klarem, dunklem Strich umrissen, für die Wolken hingegen arbeitet man mit sehr viel geschwungeneren Formen.

SCHRITT FÜR SCHRITT: Rötlicher Himmel

2. Beginnen Sie den Farbauftrag mit dem hellsten Ton des Himmels, an dem die Wolken noch das Sonnenlicht reflektieren. Die dafür benötigte Farbauswahl besteht aus verschiedenen Gelbtönen sowie einem orangefarbenen Ton für den Horizont. Gehen Sie, nachdem die ersten Farbstreifen aufgetragen sind, mit der Fingerspitze darüber, um die Zeichnung zu verwischen.

3. Auf dem orangefarbenen Saum am Horizont legen Sie nun einen Farbstreifen in sehr hellem Rosa an. Den unteren Teil der Wolken färben Sie in hellem Violett ein, welches Sie mit Blautönen nuancieren. Richten Sie noch einmal Ihre Aufmerksamkeit auf den unteren Bereich der Wolken: Über dem rosafarbenen Rand zieht man eine feine Linie in Blau und verwischt sie mit den Fingern, bis man einen matten, aber deutlich begrenzten Ton erhält.

4. Der den Bergen entsprechende Bereich wird direkt in Schwarz angelegt. Den Raum unter dieser Fläche dagegen stuft man ab, verwischt ihn mit dem Malgrund und dämpft ihn mit ein wenig Preußischblau ab. Fügen Sie auch dem Himmel dunkle Töne hinzu: Schwarz an der Ecke rechts oben und Blau in den Lücken, die zwischen den gelben Strichen entstanden sind. Vermalen Sie vorsichtig ausgewählte Stellen am Himmel, um sie ganz punktuell und kontrolliert zu trüben.

5. Nun werden die dunklen Grautöne in den Himmel eingefügt. Die Kontraste zu den angrenzenden helleren Farben werden hervorgehoben, indem Sie diese durch sehr viel leuchtendere Töne aufhellen. Dazu verwendet man keine weißen Töne, sondern sehr helle Nuancen von Neapelgelb. Den Sonnenuntergang gestaltet man mit einigen gelben, neapelgelben und orangefarbenen Strichen. Legen Sie den Erdboden im Vordergrund in gesättigtem Schwarz an, welches zur bereits aufgetragenen Abstufung einen Kontrast bildet.

6. Ergänzen Sie die gelblichen Wolken nochmals mit wesentlich helleren Tönen, die über die dunklen Stellen des Bildes gelegt werden. Mit schwarzer Pastellkreide dunkeln Sie einige Stellen ab, die vorher mit Blau bemalt wurden. Unten rechts dämpft man nun den Erdboden mit einem Blauton ab, so daß sich beide Töne vermischen. Auf dieser Farbgrundlage lassen sich hervorragend einige Lichteffekte herausarbeiten, entweder in Form direkter Farbtupfer, als Striche oder als Mischtöne mit den darunterliegenden Farben.

7. In einem fleischfarbenen Ton trägt man schließlich unmittelbar an den hellsten Stellen des Himmels die letzten Striche auf. Schwächen Sie auf der linken Seite einige Stellen ab, die dann einen sehr hellen, lachsfarbenen Ton annehmen. Nun muß nur noch die Sonne und der sie umgebende Bereich gestaltet werden, dann kann man das Bild des beeindruckenden Abendhimmels als vollendet ansehen.

ZUSAMMENFASSUNG

Tragen Sie zuerst die hellen Farben auf, um darüber dunklere, kontrastierende Töne legen zu können.

Der dem Horizont entsprechende Streifen wird mit Orange- und Rosatönen eingefärbt, die mit der ersten Schicht verschmelzen.

Die Bereiche, an denen das Licht durchscheint, gestaltet man zuletzt; ein paar Stellen vermalt man nicht, sondern läßt sie rein und unvermischt.

Für die dunkelsten Stellen verwenden Sie Schwarz, welches mit den farbenfrohen Teilen des Himmels stark kontrastiert.

THEMA

13

Bäume

DIE STRUKTUR DER BÄUME

Auf Landschaftsbildern sind Bäume oft unverzichtbar. Manchmal verlangen Detailprobleme eine sorgfältige Ausarbeitung und große Genauigkeit; in anderen Situationen genügt es schon, grüne Farbflächen auf dem Malgrund zu verwischen. Die Übungen in diesem Kapitel sollen als Vorbereitung auf spätere Aufgaben dienen. Die hier verwendeten Techniken ermöglichen es, jegliche Art von Bäumen in einem Landschaftsbild zu malen.

Es ist wichtig, den inneren Aufbau eines Motivs zu kennen, bevor man es auf dem Papier darstellt. Wir haben bereits gesehen, daß sich viele Erscheinungen und Geschöpfe in der Natur mit Hilfe einfacher Schemen aus geometrischen Figuren darstellen lassen. Auch ein Baum kann auf diese Weise erfaßt werden; seine Gestalt läßt sich sogar noch klarer in geometrische Formen zergliedern als die anderer Naturmotive.

▼ *Die Dreiecksform erleichtert die Darstellung kegelförmiger Bäume wie zum Beispiel Tannen oder Zypressen. Vor dem Malen dieses Baumes wurde seine Form schematisiert, um sie besser erfassen zu können. Es ist wichtig, alle hellen Bereiche des Baumes genau zu betrachten. Die Schatten ermöglichen es, die verschiedenen Grüntöne richtig anzubringen.*

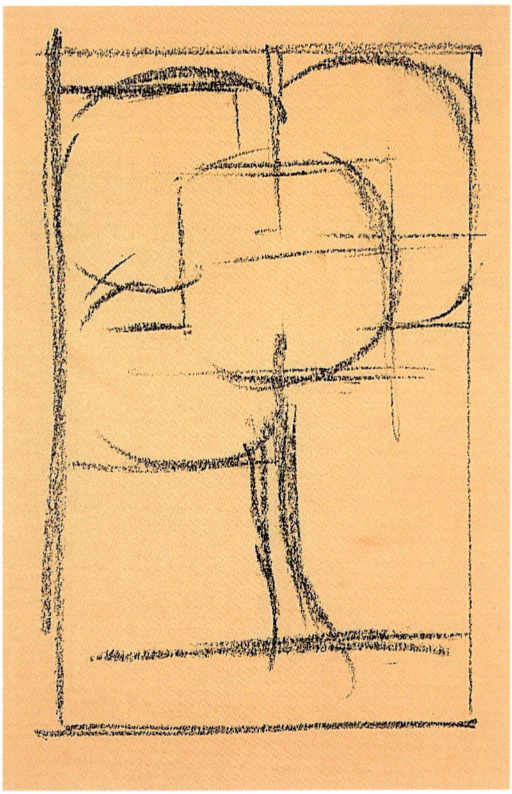

▼ *Selbst ein recht verzweigter Baum läßt sich durch ein einfaches Schema erfassen, dessen Rekonstruktion dabei helfen kann, den inneren Rhythmus zu verstehen. Die Entwicklung des Schemas dieses Baumes beginnt mit einer rechteckigen Form, die in verschiedene Abschnitte unterteilt wird, bis man sowohl die Zweige als auch den Stamm in einfachen Formen erfassen kann.*

▼ *Hat man einmal die Grundform eines Baumes verstanden, kann man mit dem Ausarbeiten des Bildes beginnen. Zuerst zeichnen Sie den Umriß des Baumes; dann legen Sie in dessen Innerem alle Flächen und Farben an, die seine Gestalt definieren.*

BÄUME IN VERMALTECHNIK

Nach der Skizze ist das Vermalen der Farbe richtunggebend für die gesamte weitere Arbeit am Bild. In dieser Übung läßt sich genau verfolgen, wie Sie richtig verwischen, so daß die Kontraste durch helle und dunkle Töne getragen werden. Der direkte Charakter des Pastellstrichs ermöglicht verschiedene Anwendungsweisen dieses Kunstgriffes: einerseits das Anlegen verwischter Flächen, auf denen Sie jede helle oder schattige Stelle bewußt planen können, andererseits die abschließende Bearbeitung der Struktur.

▶ *1. Ist die Skizze beendet, beginnt man mit dem Vermalen des Baumes. Da in der Pastellmalerei mit Kreiden gearbeitet wird, malt man stets in Strichen, die gerade oder gebogen sein können, die schmal sein können oder auch so breit wie die Seitenfläche des Kreidestücks. Deshalb weisen die ersten Ansätze immer einen ausgeprägt zeichnerischen Charakter auf. Die ersten Linien dienen dazu, die Eigenarten seiner Gestalt abzubilden, da ein Baum über eine große Vielfalt an individuellen Formen mit Licht- und Schattenseiten verfügt.*

▶ *2. Haben Sie die ersten dunklen Stellen situiert, können Sie die helleren Stellen anlegen. Da es sich hier um farbiges Papier handelt, sticht das Weiß stark hervor. Das Vermalen des Baumes wird mit der Fingerspitze vollführt. An einigen Stellen werden mehrere Striche zu Flächen vermalt, an anderen Stellen dagegen bleiben die Linien erhalten. Dieser Punkt ist sehr wichtig, es soll nicht der ganze Baum verwischt werden.*

◀ *3. Nach dem Verwischen mit der Fingerspitze beginnen Sie mit den abschließenden Arbeiten, indem Sie neue Farbtöne hinzufügen: Einige davon tragen Sie auf, ohne sie zu verreiben, andere verwischen Sie, ohne sie dabei vollständig mit den darunterliegenden Farben zu vermischen.*

DARSTELLUNG EINES BAUMES

Wie Sie sehen, bietet die Arbeit mit Pastellfarben eine Vielzahl von Möglichkeiten. Vom Entwurf bis hin zu seiner Fertigstellung kann der Baum auf vielfältige Art und Weise entwickelt werden, stets jedoch kreist das Verfahren um die Techniken von Strichzeichnung und Vermalen. In dieser Übung sind zwei Aufgaben mit Pastellfarben zu lösen: Sie beginnen mit einer schnellen Zeichnung; dann soll die Struktur des Baumes herausgearbeitet werden.

◀ *1. Nehmen Sie ein grünliches Papier; an vielen Stellen fügt sich der Farbton des Papiers hervorragend in das Bild ein, besonders an jenen, welche diesem hellen Ton entsprechen. Der erste Entwurf ist eine reine Zeichnung mit der Spitze der Pastellkreide; auf das Anlegen von Flächen und das Verwischen der Farbe wird verzichtet. Der Vorskizze fügen Sie nun weitere Striche hinzu und erweitern dabei die Farbpalette – der spontane Charakter der Zeichnung bleibt jedoch erhalten. Die Striche werden weder dick noch vermischt aufgetragen.*

▼ *2. Dieser Schritt beschränkt sich auf zeichnerisches Arbeiten mit Pastellkreide. Auch auf diese Art können Sie die ganze Oberfläche des Baums und den Raum ringsherum ausfüllen. Während man den Bereich um den Baum herum mit hellen Strichen gestaltet, spart man den Stamm ganz aus. Oben fügt sich der Farbton des Papiers in die der Baumkrone ein.*

▼ *3. Im folgenden verwischen Sie jene Bereiche, die als Grundlage für weitere Farbschichten dienen sollen. Darüber legen Sie Linien in dunkleren Farben, die in starkem Kontrast zu den übrigen Tönen stehen. Wieder verwischt man einige dunkle Stellen, über die man helle Farben setzt. Die Kunst besteht im ausgewogenen Kombinieren von Strichen und verwischten Flächen.*

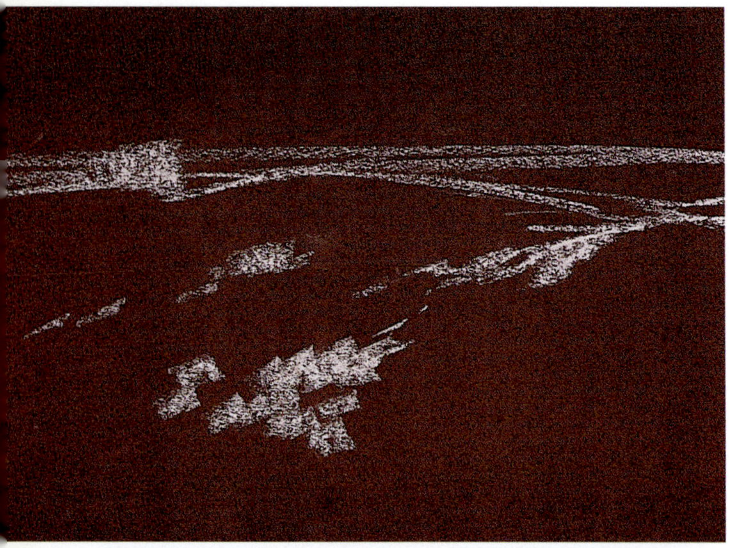

STRÄUCHER UND GEWÄCHSE

Oft besteht die Vegetation einer Landschaft nicht nur aus Bäumen. Ein Landstrich kann ebenso mit kleinen Sträuchern oder Grasbüscheln bewachsen sein, die sich mit Pastellfarben in den beiden Grundtechniken darstellen lassen. Die Einzelheiten stellt man oft nicht dar, sondern deutet sie durch leichtes Verwischen oder Tonabstufungen an, die man mit direkten Strichen kombiniert. Eine gelungene Darstellung solcher Landschaften mit Pflanzenwuchs wird durch die wirkungsvolle Plazierung von hellen und dunklen Stellen erreicht.

▶ *1. Beim Entwurf einer großen Fläche mit Vegetation faßt man nicht jeden einzelnen Strauch ins Auge, sondern trägt eine Vielzahl von Grüntönen auf, die in den verschiedenen Bildebenen etwas variieren, oder aber man betont die Schatten in jedem Bereich des Bildes. Um einen positiven Gesamteindruck zu schaffen, sollten Sie die gesamte Vegetation als einen zusammenhängenden Bildgegenstand entwickeln. Zunächst entwerfen Sie die Landschaft mit Linien und legen flächige Farbstreifen an.*

▶ *2. Tragen Sie nun entsprechend der wahrgenommenen Lichteinflüsse verschiedene Grüntöne auf, ohne diese bereits deutlich voneinander abzugrenzen. Die Striche werden sehr dicht gesetzt, damit sich viel Farbe auf dem Papier befindet, welche dann so mit den Fingern verwischt wird, daß die verschiedenen Formen des Pflanzenwuchses plastisch hervortreten. Je weiter der Betrachter von Bäumen und Büschen entfernt ist, desto mehr neigen die Kontraste dazu, in der Wahrnehmung zu einem einzigen Ton zu verschmelzen.*

Zwischen den Strichen sollte stets etwas Zwischenraum für die Farbe des Papiers verbleiben, um die Helligkeit der Atmosphäre einzufangen.

▶ *3. Sind die Töne vermischt, ergänzen Sie das Bild durch punktuelle Farbanwendung, die eine genauere Darstellung der Schatten und die Ausarbeitung von Kontrasten ermöglicht. Direkt beleuchtete Stellen heben Sie mittels heller Schraffuren hervor.*

Schritt für Schritt

Bäume und Sträucher

Die Darstellung von Motiven, bei welchen die Vegetation im Vordergrund steht, ist typisch für passionierte Landschaftsmaler. Anfangs könnte es so aussehen, als hätten Pflanzen stets die gleiche Farbe, doch mit etwas Geduld und Übung kann man lernen, eine Fülle an Nuancen zu unterscheiden, die einen bestimmten Ort, wie zum Beispiel den hier gezeigten, ausmachen. Es gibt natürlich diverse Materialien, die man für die Landschaftsmalerei verwenden könnte, doch eignen sich Pastellkreiden besonders, da durch die Techniken des Verwischens, Vermalens und Übereinanderlegens ein besonderer Nuancenreichtum gegeben ist. Achten Sie vor allem auf die Kontraste im Landschaftsbild, vom Flußufer ganz unten bis zu den Bäumen oben im Bild.

BENÖTIGTES MATERIAL

Pastellkreiden (1), farbiges Papier (2) und Lappen (3).

1. Die Zeichnung ist sehr wichtig, obwohl sie ganz einfach sein sollte. Zunächst begrenzen Sie das Wasser durch eine horizontale Uferlinie; darüber skizzieren Sie die Vegetation, beschränken sich aber auf den Umriß der Bäume und des Gebirges im Hintergrund. Grenzen Sie auch das aus Betrachtersicht vor dem Wasser liegende Ufer durch eine Linie ab.

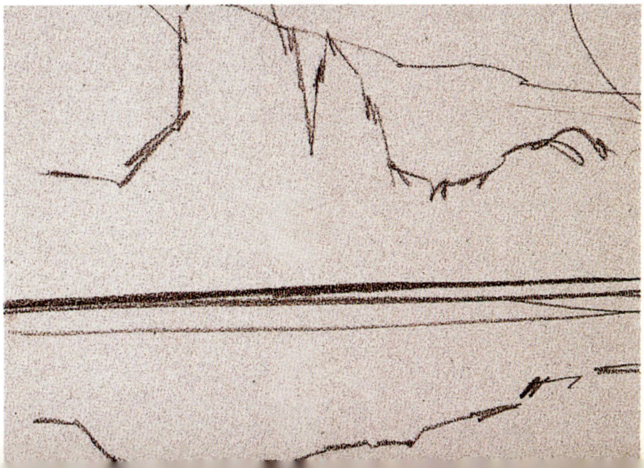

2. Pastellfarben werden unvermischt zu Papier gebracht; jeder Ton, ob hell oder dunkel, wird als reine Farbe direkt aus dem Kasten aufgetragen. Verwenden Sie ein leuchtendes Grün für die hellsten Stellen der Bäume, ein etwas dunkleres Grün für die Schatten. Die dunkelsten Stellen legt man in Schwarz an, welches mit den darunterliegenden Tönen leicht vermalt wird. Den Vordergrund malen Sie in Weiß, welches zur Farbe des Papiers einen zusätzlichen Kontrast bildet. Für den Himmel verwendet man einen weißlichen, mit etwas Neapelgelb abgemischten Ton.

3. Die Farben überschneiden sich an den Übergängen, doch sie werden nicht vermalt. Einige Farben dienen als Grundierung für andere; so zum Beispiel der violette Ton über dem Ufer oder das Kobaltblau rechts. Vermischt werden die Farben lediglich auf dem rechten Teil des Bildes, wo ein sehr trüber Ton benötigt wird. Dort verwendet man die Töne Siena, Grün und Schwarz. Vermalen Sie die Töne mit den Fingern, um die Übergänge ganz zu verwischen.

4. Legen Sie weitere Farben auf die hellen Bäume links, und lassen Sie dabei die Töne im Hintergrund zwischen den dunklen Strichen hindurchscheinen. Mit dem Finger können Sie nun einige Stellen verwischen. Mit den dunkelbraunen Tönen, die am Ufer hinzugefügt werden, ergibt sich ein deutlicher Kontrast.

Sie können Landstriche mit den verschiedensten Materialien abbilden. Die Techniken der Pastellmalerei, wo man Farben verwischen, vermalen oder übereinanderlegen kann, bieten allerdings besonders viele Möglichkeiten, den Nuancenreichtum der Natur einzufangen.

5. Auf den völlig verwischten Hintergrund trägt man ganz punktuell Farbe auf; die Striche werden nun nicht mehr verrieben, sondern bleiben frei stehen, so daß die darunterliegenden Schichten in den Zwischenräumen zum Vorschein kommen. Überarbeiten Sie mit Dunkelgrün das Ufer; wie Sie auf dem Bild sehen, sollte der Strich die Form einer gleichmäßigen Zickzacklinie einhalten, die die Höhe der Gebüsche auf dieser Bildebene ganz allgemein skizziert.

Richten Sie Ihre Aufmerksamkeit besonders auf die Kontraste, die Sie im Landschaftsbild anbringen. Sie sind es, die jedem Bild letztendlich Leben und Ausdruck verleihen.

6. Mit der Fingerspitze vermalen Sie die zuvor aufgetragene dunkle Farbe vollständig; dabei trübt sich der unbemalte Saum unterhalb des Ufers. Auf diese nunmehr abgedunkelte Fläche setzen Sie in sehr hellem Grün den oberen, von der Sonne beleuchteten Bereich der Vegetation.

7. Verwischen Sie etwas vom Hellgrün der Ufergebüsche auf dem dunklen Hintergrund, achten Sie aber dabei darauf, daß die Farben sich nicht vermischen. In derselben hellen Farbe fügen Sie nun noch ein paar Striche hinzu. Die linke Hälfte der Landschaft gestaltet man auf dieselbe Weise wie die Büsche am Ufer, doch hier in noch viel helleren Farben. Zunächst trägt man einige ineinander übergehende Flächen auf, dann zeichnet man mit kräftigen Strichen einige Details. Nach dem Herausarbeiten weiterer Kontraste in der Vegetation im Vordergrund und im Wasser kann man dieses Landschaftsbild als vollendet ansehen.

ZUSAMMENFASSUNG

Bevor man die Bäume malt, schafft man eine Grundlage von miteinander verwischten Tönen.

Der erste Entwurf wird ganz allgemein gehalten; skizzieren Sie lediglich die Konturen der Bäume und Ufer.

Den Vordergrund gestaltet man in Weiß; der Farbton des Papiers fügt sich in das Bild ein.

Die Farbtöne des Wassers werden verwischt, ohne sie dabei zu vermischen.

Vermischt werden nur die Farben auf der rechten Seite der Landschaft, wo die erwünschte Stimmung dank trüber Farbtöne entsteht.

14 Stadtlandschaft – Perspektive

GRUNDBEGRIFFE DER PERSPEKTIVE

Die Darstellung einer Stadtlandschaft eröffnet eine Fülle von Möglichkeiten. Sie müssen nur bedenken, daß sich jeder Ort aus zahlreichen Blickwinkeln abbilden läßt. Um diese Möglichkeiten optimal ausnutzen zu können, sollten Sie die wichtigsten Begriffe und Gesetzmäßigkeiten der Perspektive kennen. Diese sind jedoch nicht schwer zu verstehen, wenn man ihnen die nötige Aufmerksamkeit widmet.

In Städten und Ortschaften kann man oft Künstler sehen, die Straßen und Plätze als Motiv wählen, darunter auch solche, die auf den ersten Blick keine besondere Anziehungskraft ausüben. Die Stadtlandschaft kann mit einer Naturlandschaft kombiniert werden, auch wenn sich die Vorgehensweise und die technischen Bedingungen stark voneinander unterscheiden. Eine der grundsätzlichen Voraussetzungen aber für den Entwurf und die Komposition einer Stadtlandschaft ist die Beherrschung der Perspektive. Die folgenden Seiten widmen sich diesem Thema.

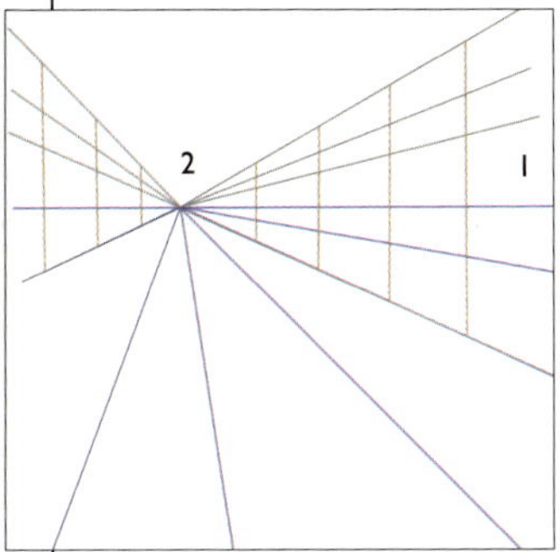

Die waagerechte Ebene wird durch die Horizontlinie festgelegt (1). Auf dieser Linie befindet sich der sogenannte Fluchtpunkt (2). Alle in der Realität parallel zueinander verlaufenden Linien, die sich vom Betrachter zum Horizont ziehen, treffen im Fluchtpunkt zusammen. Wenn der Blickwinkel des Betrachters mit der Horizontlinie zusammenfällt, kann man annehmen, daß der Betrachter auf der Straße den Horizont aus gleicher Höhe ansieht. Die blauen Linien entsprechen den Bereichen, die sich über dem Blickpunkt des Betrachters befinden. An den Punkten, wo sich die vertikalen Linien mit der Fluchtlinie schneiden, zieht man waagerechte Linien, die die Höhe der Objekte markieren. Diese Linien sind parallel zur Horizontlinie.

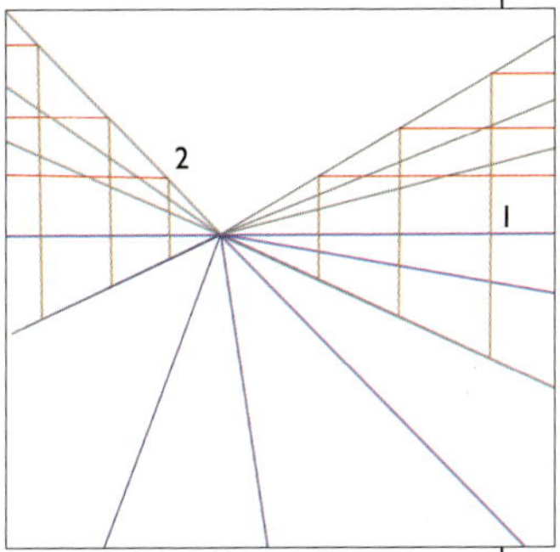

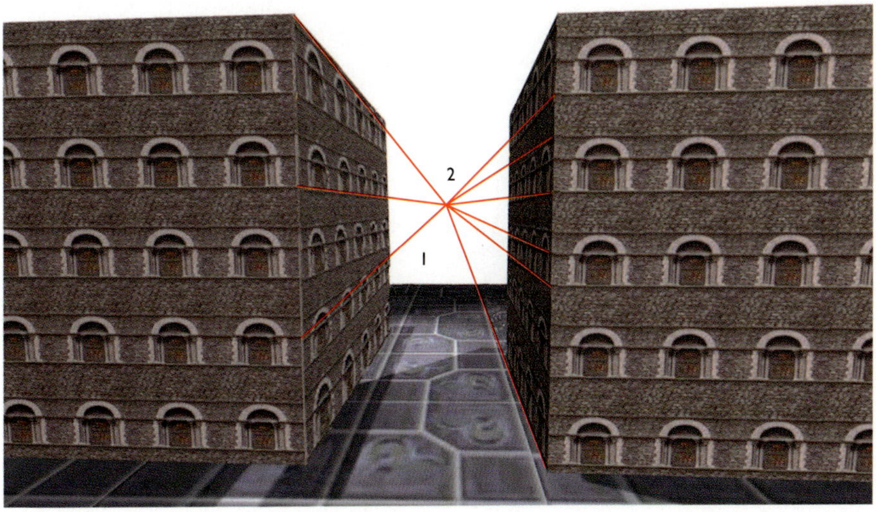

Wie Sie auf dieser Abbildung erkennen können, liegt der Fluchtpunkt (2) oberhalb der Horizontlinie (1); dadurch erhöht sich auch der Blickwinkel.

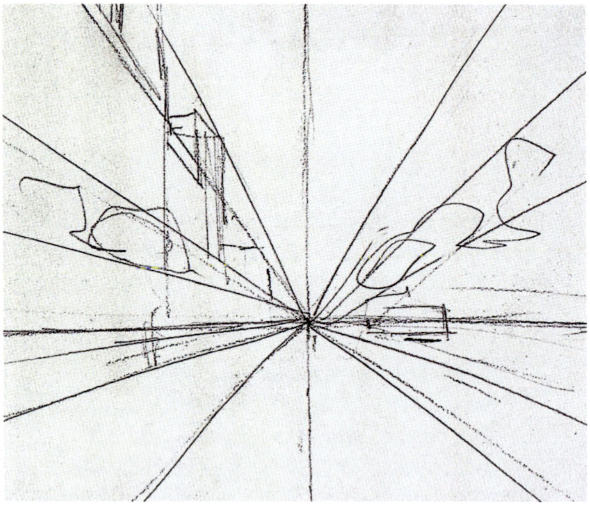

PERSPEKTIVDARSTELLUNG

Ausgehend von den vorhergehenden Abbildungen und Erklärungen soll nun eine perspektivische Übung in Pastellfarben ausgeführt werden. Die Übung ist nicht allzu schwierig, wenn Sie den Abbildungen und Texten zu jedem der vorzunehmenden Schritte aufmerksam folgen. Wie Sie sehen, gibt es nur einen einzigen Fluchtpunkt, auf den sich alle Perspektivlinien zubewegen.

▶ *1. Zeichnen Sie die Horizontlinie, in deren Mitte man den Fluchtpunkt markiert, auf dem alle Fluchtlinien zusammentreffen werden. Dann ziehen Sie einige Geraden, die durch den Fluchtpunkt laufen. Zwei dieser Geraden unterhalb des Horizonts bilden die Grenze zwischen den Bodenflächen und den Vertikalen. Mit einigen vertikalen Strichen grenzt man die Gebäude ab, die an der Dachkante von der obersten Perspektivlinie begrenzt werden. Die Bäume werden zwischen zwei perspektivischen Linien eingezeichnet; sie werden kleiner, je weiter sie vom Betrachter entfernt stehen.*

▶ *2. Die Höhen der Vertikalen, die den Fassaden der Gebäude entsprechen, werden durch ihre Schnittpunkte mit den betreffenden Fluchtlinien bestimmt. Von jedem Schnittpunkt der vertikalen Linien mit der Perspektivlinie zieht man parallel zum Horizont kleine, waagerechte Linien. Diese vollenden die Grundform der Gebäude. Mit Hilfe dieses Verfahrens lassen sich alle Arten von Gebäuden und Straßenzügen darstellen, wobei Sie stets die motivbedingten Höhen und Tiefen beachten müssen.*

▶ *3. Sind die Hauptlinien und der Grundaufbau der Stadtlandschaft gezeichnet, beginnt man, die wichtigsten Farben auf der Bildfläche anzulegen. Die Pastellkreiden ermöglichen ein schnelles und spontanes Arbeiten, obgleich diese Technik verlangt, daß die Farben nicht vermischt, sondern direkt mit der entsprechenden Kreide aufgetragen werden. Jede Fläche erhält einen anderen Ton; zuerst malt man die Straße in einem grauen Farbton. Um die dunklen Bereiche der Gebäude auf der rechten Seite herauszustellen, nimmt man ein trübes Braun, links färbt man die Gebäude ocker ein.*

FARBE UND DISTANZ

◀

1. Malen Sie die Fassaden der Gebäude links mit Orange, das Dunkel der Schattenstellen heben Sie mit einem fast schwärzlichen Ton hervor. Die Baumkronen links werden in sehr hellem Grün angelegt; auf der schattigen Seite nimmt man ein dunkleres Grün. Genauso bei den weiter entfernt liegenden Objekten, doch werden dort die Bäume und die Kontraste auf den Gebäuden weniger detailliert ausgearbeitet.

Jede Farbe – wie hell oder dunkel sie auch sein mag – überdeckt jede andere Farbe und kann von jeder anderen überdeckt werden. Dies ermöglicht ein rasches Ausarbeiten des Bildes.

◀

2. Je größer die Distanz zwischen Betrachter und Bildgegenstand ist, desto kleiner und undeutlicher wirken sie. Die Perspektivlinien ziehen sich vom Vordergrund bis zum Fluchtpunkt, an dem sich die Parallelen vermeintlich vereinen. Mit ihrer Hilfe läßt sich die Größe der Bäume in dieser Übung bestimmen. Je weiter entfernt die Bäume sind, desto schlichter halten Sie die Details.

◀

3. Die Details der am weitesten entfernten Objekte vereinfachen Sie sehr stark. Beachten Sie, wie die Markierungen auf dem Asphalt kleiner werden, indem sie der Perspektive bis zum Fluchtpunkt folgen. Zuletzt arbeitet man die Kontraste heraus, die alle Elemente dieser perspektivisch dargestellten Stadtlandschaft voneinander abgrenzen.

DER BLICKWINKEL

Der Blickwinkel ermöglicht die Darstellung einer Landschaft von unterschiedlichen Sichtebenen aus. Von einem hohen Standpunkt aus gesehen, liegt der Erdboden unter dem Betrachter, und dieser sieht die Landschaft aus erhöhter Perspektive. Diese Übung zeigt eine Stadtlandschaft vom Gipfel eines Hügels aus. Verfolgen Sie die Richtung der Entwurflinien aufmerksam, und achten Sie auf die Wirkung, die entsteht, wenn sich eine nahe Ebene zwischen Landschaft und Betrachter schiebt.

▶ *1. Auf dem Entwurf muß zunächst der Blickpunkt des Betrachters festgelegt werden. Wie Sie auf dieser ersten Skizze sehen, liegt die Horizontlinie sehr hoch; so daß sich eine erhöhte Perspektive ergibt, wenn der Blickwinkel des Betrachters mit der Höhe des Horizonts zusammenfällt. Man überblickt von einem sehr hohen Standpunkt aus ein sehr weites Gebiet. Als Hilfsmittel für diese Art perspektivischer Darstellung kann eine Ebene dienen, die auf der Höhe des Betrachters im Vordergrund liegt. In diesem Fall wurde auf der rechten Seite ein Stück des Hügels dargestellt, auf dem der Betrachter sich befindet. Um die Farbe des Papiers zu nutzen, beginnt man, den Himmel in sehr hellen Tönen einzufärben.*

▼ *2. Die Kontrastwahrnehmung verringert sich, je weiter das Objekt vom Betrachter entfernt ist. Die Farben vermischen sich zusehends – besonders wenn die Atmosphäre sich verdichtet. In dieser Stadtlandschaft erkennt man einen deutlichen Unterschied zwischen der Farbkomposition des Vordergrundes und jener der Flächen im Hintergrund. Um den Kontrast zu verstärken, sind die Farben im Hintergrund weißlich, wogegen der Erdboden im Vordergrund in stark kontrastierenden Farben angelegt wurde.*

▼ *3. Beachten Sie, wie der erhöhte Blickwinkel umgesetzt wurde: Die Distanzen werden durch wenig auseinanderlaufende Perspektivlinien bestimmt. Auch die Farbe des Hintergrunds spielt eine wichtige Rolle; der Hafenkomplex konnte ganz einfach mit ein paar hellen Flächen und einigen dunklen Kontrasten dargestellt werden.*

Stadtlandschaft

Jede Ecke in einer Stadt kann als Bildmotiv dienen; auch die weniger ansehnlichen verdienen oft künstlerisches Interesse. Eine gute Technik im perspektivischen Zeichnen kann der Schlüssel sein für gelungene Darstellungen von Stadtlandschaften. In diesem Kapitel wurden unter anderem einfache Verfahren für das Abbilden von Stadtlandschaften vorgestellt. Um sie in die Praxis umzusetzen, eignet sich dieses Bild einer Großstadtstraße hervorragend. Wie man sieht, läßt sich die Straßenschlucht mit langen und geraden Perspektivlinien hervorragend nachbilden.

BENÖTIGTES MATERIAL

Pastellkreiden (1) und Papier (2).

Eine gute Technik im perspektivischen Zeichnen ist unbedingt erforderlich, um eine gelungene Darstellung einer Stadtlandschaft anzufertigen, da sie zweifellos die wichtigste Grundlage für die weitere Ausarbeitung eines solchen Motivs schafft.

1. Zuerst werden die perspektivischen Linien gezeichnet. So begrenzen Sie die Flächen aller Gebäude durch ein paar Linien, die in einem Fluchtpunkt am Horizont zusammentreffen. Für diesen ersten Entwurf sollte man nicht allzu kräftige Linien ziehen. Wenn Sie noch nicht über die nötige zeichnerische Erfahrung verfügen, können Sie eine ganze Reihe von Fluchtlinien anbringen, um den schematischen Entwurf der Flächen zu vereinfachen. Um diese Linien zu zeichnen, brauchen Sie sich lediglich an der Ausrichtung der Häuserreihe am Boden und an ihrem oberen Teil zu orientieren. Wo die Linien zusammentreffen, liegt der Fluchtpunkt.

2. Wenn Sie die Zeichnung beendet haben, gestalten Sie den dem Himmel entsprechenden Bereich. Dafür tragen Sie zunächst eine sehr helle, gelbe Farbe auf, die stark mit dem Malgrund kontrastiert. Auf diesen Grundton legen Sie etwas Weiß und fahren mit den Fingern darüber, um die weiße Farbe mit dem Gelb zu vermalen. Sie erhalten so jenen dichten Farbton, der charakteristisch ist für den leichten Nebel in den Städten.

3. Bei der Darstellung dieser Stadtlandschaft soll auch der Farbton des Papiers genutzt werden. An einigen Stellen soll die Farbe des Papiers hindurchscheinen – so entsteht ein interessanter Rhythmus von Tönen und Farben. Die dunkleren Gebäude werden mit dunkler Pastellfarbe bemalt, die Sie mit den Fingern verwischen, um so den durch Luftverschmutzung beeinflußten Farbton der Wände darzustellen.

4. Damit die am weitesten entfernten Gebäude wesentlich kontrastärmer wirken als die vorderen, verwendet man für sie einen sehr hellen graublauen Ton. Mittels dunkelgrauer Kontraste hebt man die hellen Stellen hervor, deren Farbe die des Malgrundes ist. Sie werden durch hellgraue Striche noch verstärkt. Beginnen Sie nun, die Autos in hellen Tönen einzufärben, die mit den dunklen Farben kontrastieren. Das dunkle Grau der Straße dämpfen Sie mit einem satteren Farbton ab, den Sie mit den Fingern verwischen.

5. Durch Einbezug der Papierfarbe lassen sich Lichteinflüsse sehr realistisch nachempfinden. Auf die dunklen Partien der Gebäude links trägt man ein paar rosafarbene Töne auf. In sehr dunklem Grau zeichnet man den Umriß der Fallreeptür des Geschäftes auf der rechten Seite und färbt sie in einem sehr hellen Ton ein. Tupfen Sie auf die Autos kleine, dunkle Striche, um darüber helle Farbflecken setzen zu können, die die Spiegelungseffekte verstärken.

6. Legen Sie einige gelbe Striche auf die Gebäude der rechten Seite, um die Auswirkung der Atmosphäre des Himmels auf dem Bild wiederzugeben. In einem sehr hellen, cremefarbenen Pastellton malt man die Fenster des Geschäftes. Hier ist die Perspektive erneut sehr wichtig: Beachten Sie, daß die Fensterreihe in die Richtung der übrigen Fluchtlinien verläuft. Mit einer fast weißlichen Farbe können Sie weitere Fensterreihen andeuten.

Um die Farben zu verwischen, muß man sie gut mit den Fingern verreiben – daß dabei die Hände schmutzig werden, sollte Sie nicht stören.

7. Verwischen Sie im oberen Bereich der Gebäude auf der linken Seite die eben aufgetragenen Töne mit den Fingern, um die Linien etwas abzuschwächen und dadurch den Eindruck von Ferne zu intensivieren. Diese Details runden das Pastellbild der Stadtlandschaft ab.

ZUSAMMENFASSUNG

Gestalten Sie zuerst den Himmel in gelber Farbe; dadurch integrieren Sie den Farbton des Papiers direkt in die Arbeit am Bild.

Um die Perspektive der Bildflächen anzuzeigen, werden alle in der Realität parallel verlaufenden und in die Tiefe des Bildes hineinführenden Linien auf einen Fluchtpunkt ausgerichtet.

Für die am weitesten entfernte Fläche verwendet man einen weniger auffälligen Ton als für die Gebäude im Vordergrund, da sowohl Kontraste als auch Details im Hintergrund verschwimmen sollen.

Auf das Gebäude rechts im Vordergrund tragen Sie etwas Dunkelgrau auf, wobei die Farbe des Papiers immer durchscheinen soll.

THEMA

15

Das Stilleben

DIE ANORDNUNG DER BILDELEMENTE

In diesem Buch wurden bereits einige Punkte angesprochen, die auch für das Stilleben von Relevanz sind, es handelt sich dabei um unverzichtbare Grundkenntnisse für die Ausarbeitung eines Pastellbildes. In diesem Kapitel sollen weitere Kenntnisse vermittelt werden, etwa wie man die verschiedenen Bildelemente in einem Stilleben anordnen muß, um eine harmonische und ausgewogene Komposition aufzubauen.

Das Stilleben ist eines der interessantesten Themen in der Pastellmalerei, denn seine vielfältigen Kompositionsmöglichkeiten lassen dem Maler große Freiheit in der Ausarbeitung. Außerdem ermöglicht es ein gründliches Studium von Formen und Farben, ohne dabei so hohe Ansprüche zu stellen wie Akt oder Porträt. Das Stilleben ist für Maler jeden Niveaus umsetzbar, doch sind auch dazu einige Grundkenntnisse vonnöten. Dieses Kapitel informiert über die wichtigsten Techniken und Kompositionsregeln des Stillebens in der Pastellmalerei.

▼ *Es ist wichtig, die Gegenstände in einem Stilleben richtig anzuordnen. Auf diesem Bild kann man erkennen, wie eine gelungene Zusammenstellung von Bildelementen aussehen kann. Auch wenn man einen Gegenstand – in diesem Fall die Kugel – nach links verschiebt, wahrt die Gruppe rechts vollständig ihr Gleichgewicht.*

▼ *Hier sehen Sie dieselben Bildelemente, doch die Komposition ist kein angenehmer Anblick. Der Fehler liegt in der zu strengen Anordnung der Gegenstände, die außerdem zu nah beieinander liegen.*

▶ *Wenn man ein bestimmtes Gleichgewicht anstrebt, sollte man auch eine zu weitläufige Streuung der Bildelemente vermeiden. Hier ist die Einheit der Bildgegenstände aufgelöst; sie befinden sich nicht in einem harmonischen Verhältnis zueinander. Daher hinterläßt die Komposition insgesamt einen unangenehmen Eindruck.*

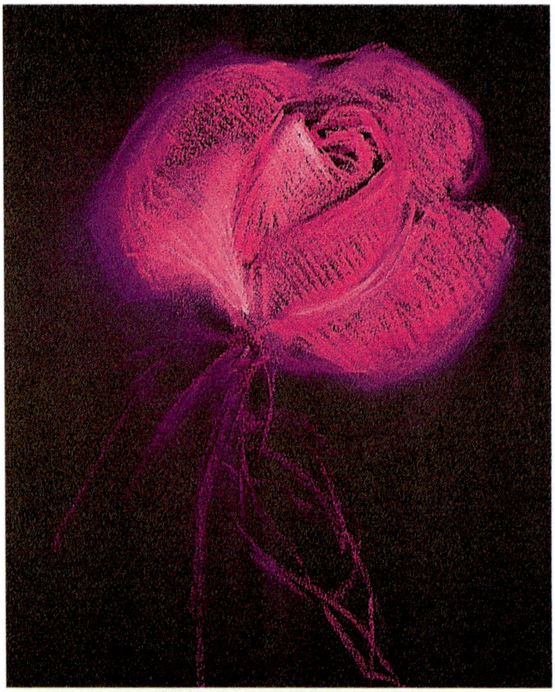

VORSKIZZE UND DECKKRAFT DER FARBEN

Der erste Schritt bei der Anfertigung eines Stillebens besteht im Abzeichnen der Bildgegenstände. Ein entscheidender Vorteil besteht bei der Pastellmalerei darin, daß die erste Zeichnung korrigierbar ist, indem man Kreidestaub abwischt oder die Deckkraft später aufgetragener Farben nutzt. In dieser Übung soll nun eine Blume gemalt werden. Beginnen Sie die Arbeit mit einer schnellen Skizze der Hauptformen, die Sie allmählich präzisieren, wobei es nicht wichtig ist, ob Sie bereits aufgetragene Striche übermalen. Diese reine Strichtechnik ist in der Pastellmalerei kombinierbar mit einer sehr viel malerischen, dem Anlegen von Farbflächen und -tupfern.

▶ *1. Sind die Konturen gezeichnet, gestaltet man die Flächen, wobei man abwechselnd Striche mit der Kreidespitze und der Seitenfläche zieht, welche das Blatt sehr viel schneller bedecken. Schwächen Sie die Striche ein wenig ab, indem Sie sie leicht mit den Fingern verreiben. Dabei sollten Sie aber so behutsam vorgehen, daß Sie die Farboberfläche nicht gleichmäßig vermalen.*

▶ *2. Das Problem von Licht und Schatten läßt sich mit Pastellfarben sehr leicht lösen: Sie brauchen nur über einen bereits aufgetragenen Ton einen helleren zu legen, schon sind die unterschiedlich hellen Flächen auf dem zu gestaltenden Objekt deutlich erkennbar. Legen Sie auf das Rosa der Blume einige Striche in einer sehr intensiven Farbe, um die Schnittlinien der Blumenblätter zu zeichnen; helle Töne im Inneren ermöglichen es, die Flächen der Rosenblätter abzugrenzen und ihre Form herauszumodellieren.*

◀ *3. Um verschiedene Töne abzubilden, sollten Sie die Farben nicht auf dem Papier vermalen. Schatten erreicht man, indem man die untere Farbschicht mit einem dunkleren Ton abdämpft.*

FARBGEBUNG UND TONWERTE

Der Schwerpunkt der vorhergehenden Kapitel lag auf dem Anbringen der Tonwerte mittels Farbabstufung oder Vermaltechnik. Doch auch ohne die Farben mit den Fingern zu verreiben, können Sie eine ähnliche Wirkung erzeugen. Dazu benötigen Sie einen Pinsel, mit welchem Sie die Linien verwischen. Diese Methode, bei welcher die Farben nur leicht vermalt werden, eignet sich ebenso zum Erlangen unterschiedlicher Tonwerte wie für das flächige Kolorieren.

1. Wenn Sie dieses Stilleben mit zwei Äpfeln abbilden möchten, beginnen Sie damit, für den Hintergrund eine Schraffur in einem grünlichen Ton anzulegen. Danach erst wenden Sie sich den Früchten zu. Die Farben auf der Schattenseite werden sehr viel dichter aufgetragen und sollten wärmer sein als jene auf der Lichtseite. Der Farbton des Papiers sollte partiell zwischen den aufgetragenen Strichen hindurchscheinen.

2. Hat man alle Farben aufgetragen, beginnt man, sie mit einem gefächerten Pinsel leicht zu verwischen. Sie brauchen den Pinsel nicht stark aufzudrücken, denn er entfernt den Farbstaub recht leicht. Der Vorteil eines Pinsels besteht darin, daß die Farben sanfter verwischt werden, als wenn man einen Wischer oder die Finger benutzt: Der Strich verliert sich nicht vollständig.

Mit verschiedenen Pinseln können Sie unterschiedliche Wirkungen erzielen, einige Spezialpinsel erlauben sehr punktuelles Arbeiten.

3. In dieser Übung zu Licht und Farbe ist nicht allein der Pinsel wichtig, auch die direkt aufgetragenen Striche sind von grundlegender Bedeutung. Die verwischten Bereiche lassen sich gut mit Kontrasten kombinieren, welche die Formen der Früchte herausstellen.

GLANZLICHTER UND REFLEXE

Es gibt verschiedene Möglichkeiten, Glanzlichter und Reflexe in Stilleben darzustellen. Die Techniken des Verwischens und des direkten Auftrags heller Stellen werden Ihnen dabei in jedem Fall gute Dienste erweisen. In dieser Übung wird vorgeführt werden, wie sich punktuelle Lichtspiegelungen auf einem Glas darstellen lassen.

▶ *1. In der Pastellmalerei ist eine gut aufgebaute Zeichnung die wichtigste Grundlage, besonders wenn das Motiv wie hier sehr schlicht ist. Sie bestimmt nicht nur die Komposition, sondern ist auch richtungweisend für das Anbringen der Lichtreflexionen. Die Zeichnung kann mit hellen oder dunklen Farben angefertigt werden, je nachdem, wie stark Sie die Linie vom Malgrund abheben wollen. Der Umriß sollte möglichst deutlich sein, doch Sie können ihn im Notfall mit einem Wischer korrigieren, wenn Sie sich verzeichnen sollten. Die hellste Stelle auf der Mitte des Glases läßt sich direkt in Form eines weißen Streifens anlegen.*

▼ *2. Gestalten Sie nun die Reflexe auf dem Wasser im Glas. Schwachen Glanz erzeugt man mit leicht verwischter Farbe. An den freibleibenden Stellen scheint der grüne Ton des Malgrundes hervor, der sich in die Farbkomposition einfügen sollte. Richten Sie die Aufmerksamkeit darauf, die Lichtpunkte am Glas gut anzubringen. Kombinieren Sie dabei die Wischtechnik mit direkten Strichen.*

▼ *3. Ausgehend von den Kontrasten arbeiten Sie die endgültigen Formen mit kleinen Lichtflecken und dunklen Stellen heraus. Die Schattenseite des Glases färben Sie schwarz ein, tragen aber am Rand etwas helle Farbe auf, um die Form des Glases vom Hintergrund abzuheben. Schließlich werden die leuchtendsten Bereiche, wie zum Beispiel der Reflex auf dem Rand des Glases, mit einigen farbigen Strichen angereichert.*

Schritt für Schritt

Teller mit Früchten

Der erste Entwurf des Stillebens, das hier angefertigt werden soll, verlangt dem Maler besondere Aufmerksamkeit ab, da die Farben der Bildgegenstände sich gegenseitig beeinflussen. Zwischen den Früchten sind leichte Schatten zu erkennen, welche die Nuancen der Farben angrenzender Objekte annehmen. Außerdem werden Sie sehen, daß es sehr viel einfacher ist, eine Frucht zu zeichnen als den exakten Umriß eines Tellers. Es handelt sich jedoch bei diesem Stilleben um keine allzu schwierige Aufgabe, wenn Sie den Schritten folgen, die im Verlauf der Übung vorgeschlagen werden.

BENÖTIGTES MATERIAL

Pastellkreiden (1), farbiges Papier (2) und Lappen (3).

Das Stilleben muß sorgfältig aufgebaut werden, sowohl was die Anordnung der Objekte als auch die Farbe der gemalten Früchte betrifft.

1. Bevor Sie zu malen beginnen, sollten Sie der Vorzeichnung die angemessene Aufmerksamkeit widmen – hier ein Entwurf in dunkler Pastellfarbe. Der Teller ist am schwierigsten zu zeichnen – seien Sie nicht enttäuscht, falls es Ihnen nicht sofort gelingt. Mit gleichmäßigen Strichen können Sie die Konturen ausbessern, bis seine Form optimal herausgearbeitet ist.

SCHRITT FÜR SCHRITT: Teller mit Früchten

2. Verwischen Sie die Zeichnung etwas mit einem Lappen, damit der dunkle Strich nicht hart wirkt. In weiterer Folge werden zunächst die dunkelsten Töne an den Früchten aufgetragen: Dunkelorange für den Granatapfel, Rotviolett für die Schattentöne der Pflaumen. Für die Lichtseite der Pflaumen empfiehlt sich ein Rosaviolett. Auch die lichten Stellen an Birne und Apfel können Sie nun mit gelblichen Strichen anlegen.

3. Verwenden Sie für die Pflaume auf dem Tisch ein sehr helles Rosa; für den Granatapfel brauchen Sie ein dunkleres Rosa, Orange und Grün. Verwischen Sie diese Farben leicht mit den Fingern. Das Tischtuch gestaltet man in einem leuchtenden Weiß, welches sich vom Hintergrund abhebt. Mit der Kreidespitze zeichnet man vom Teller aus strahlende Striche bis zum Rand des Bildes.

4. Entfernen Sie mit dem Lappen überflüssige Farbe an der Tischdecke und geben Sie dem Tellerrand und dem Hintergrund einen hellen, cremefarbenen Ton. Achten Sie dabei aber darauf, daß diese blasse Farbe nicht in zu starkem Kontrast zu Ihrem bunten Motiv steht. Um die Diskrepanz zwischen Vorder- und Hintergrund völlig abzuschwächen, bemalt man den linken Granatapfel in einem sehr hellen Orange.

Exakte, symmetrische Formen wie der Teller sind stets schwieriger zu zeichnen als solche, die etwas Spielraum lassen, wie etwa die der Früchte.

5. Die Farben der Granatäpfel spiegeln sich auf den sie umgebenden Früchten und vice versa. Daher benötigen Sie für jeden dunklen Bereich an den Früchten eine andere Farbe: verschiedene Rosatöne bei den Granatäpfeln, Blau und Hellorange bei den Pflaumen.

Bei der Gestaltung der dunklen Bereiche und Schatten sollten Sie sich vergegenwärtigen, daß diese weder alle den gleichen Farbton haben noch haben sollen. Jeder Schatten wird durch die Farbe des Gegenstandes, der ihn wirft, beeinflußt.

6. Geben Sie dem Granatapfel rechts ein sehr helles Rosa, das betont die Wirkung des Lichts. Auf den Teller gehören noch ein paar weiße Striche. Auch die Farbe des Papiers ist Teil der Farbkomposition des Stillebens. Nun konzentriert man sich darauf, die Schattierungen des Tischtuchs auszuarbeiten.

7. Verstärken Sie die Kontraste. Den Schatten des Tellers auf der Tischdecke verreiben Sie etwas mit den Fingern, bevor Sie einen leichten Grünton auftragen, den Teller legen Sie in hellen Grautönen an. Schließlich werden die Früchte und ihre Schatten herausgearbeitet. Einige Stellen vermalt man leicht mit den Fingern, um die Linien abzuschwächen, ohne dabei jedoch die Farben zu einer homogenen Fläche zu vermischen.

ZUSAMMENFASSUNG

THEMA

16 Körperstudien

AKTSKIZZE MIT DER KREIDENSEITE

Diese Übung soll Grundwissen über die Skizze vermitteln, eine naturgemäß wenig ausgearbeitete Darstellungsform. Ein paar Flächen genügen, um die Grundformen eines Körpers zu erfassen; diese aber müssen genau angelegt werden, auch wenn eine Korrektur bereits gezogener Striche nötig sein sollte. Richten Sie Ihre Aufmerksamkeit besonders auf die Verwendung der flachen Seite der Pastellkreide, mit der man die gewandtesten Striche sicher zu Papier bringen kann.

Die Skizze ist eines der besten Verfahren für die Darstellung des menschlichen Körpers. Der rasche Strich ermöglicht es, einen momentanen Ausdruck festzuhalten und das Motiv intuitiv zu erfassen. Beides hilft außerdem dabei, die Formen sehr komplexer Figuren zu entwickeln. Wenn man in einem eher malerischen als zeichnerischen Stil mit Pastellkreiden arbeitet, kann man sehr schöne Aktbilder schaffen, ohne auf die typischen Eigenschaften einer Zeichnung verzichten zu müssen.

▼ *1. Nach einer schnellen Linienskizze arbeitet man die Figur mit breiten Farbstreifen aus, die man mit der Seitenfläche der Kreide hervorbringt. Verwenden Sie in diesem ersten Arbeitsschritt einen hellen Farbton, um später dunklere Töne darüberlegen zu können.*

▼ *2. Wenn man die Form des Körpers flächig herausgearbeitet hat, kann man weitere Farben hinzufügen. In diesem Beispiel wurde eine Schraffur in einem etwas dunkleren Ton über die Schattenstellen gelegt, unter welcher die vorherige Farbe hindurchscheint. Natürlich könnte man auch helle Farbtöne hinzufügen, doch ist dies ein anspruchsvolleres Verfahren, welches uns vorläufig noch nicht interessieren soll.*

▼ *3. Durch das Ausarbeiten weiterer Kontraste erhält der Körper zusätzliche Plastizität.*

Um die Struktur des menschlichen Körpers verstehen und darstellen zu können, ist es sehr hilfreich, Anatomiebücher für Künstler heranzuziehen.

In einer schnellen Aktskizze müssen Sie sich stets an den grundlegenden Proportionen des menschlichen Körpers orientieren. Auch wenn die endgültige Erscheinungsform eines Körpers mit der Konstitution des Modells variiert, benötigen Sie diese Grundlage als Bezugspunkt für die individuelle Gestaltung.

BERECHNEN DER PROPORTIONEN

Die Berechnung der Proportionsverhältnisse zwischen den verschiedenen anatomischen Teilen eines Körpers ist Voraussetzung für die möglichst realistische Ausarbeitung einer Skizze. Es ist sehr wichtig, zu wissen, daß sich die Maße der verschiedenen Körperteile explizit aufeinander beziehen. Dieses Verhältnis richtig abzubilden ist die wahre Kunst des Aktzeichnens. Ein zu großer oder zu kleiner Kopf oder unnatürliche Ausmaße irgendeines anderen Körperteils würden die Figur gewissermaßen zur Karikatur machen.

▼ 1. *Beachten Sie auf dieser Abbildung das Verhältnis vom Kopf zur Schulterbreite. Letztere entspricht der Breite des gesamten Körpers, es handelt sich daher um einen sehr wichtigen anatomischen Aspekt. Bei einem normalen Körper bilden die Schultern die breiteste Stelle des Rumpfes, welcher seinerseits in der Taille am schmalsten ist.*

▼ 2. *Wenn man dieses Bild mit dem vorhergehenden vergleicht, kann man auf den ersten Blick beachtliche Unterschiede im Erscheinungsbild ausmachen. Vor allem verfügt dieser zweite Körper über eine wesentlich kräftigere Konstitution. Doch trotz seiner Korpulenz unterliegt dieser Körper derselben anatomischen Struktur und denselben Proportionsverhältnissen. Das entscheidende Moment ist der immer gleichbleibende interne Aufbau des menschlichen Körpers.*

ENTWURF ANHAND VON LINIEN

Die beste Möglichkeit, sich einem Motiv zu nähern, ist der Entwurf. Dies ist zwar eine im eigentlichen Sinne zeichnerische Technik, leistet aber, wie unter anderem in den Kapiteln über Stilleben und Landschaftsbilder deutlich wurde, gute Dienste zur Komposition und weiteren Orientierung. Auch für eine Aktzeichnung ist der Entwurf von großer Wichtigkeit, seine Spuren können Sie später wieder ausradieren.

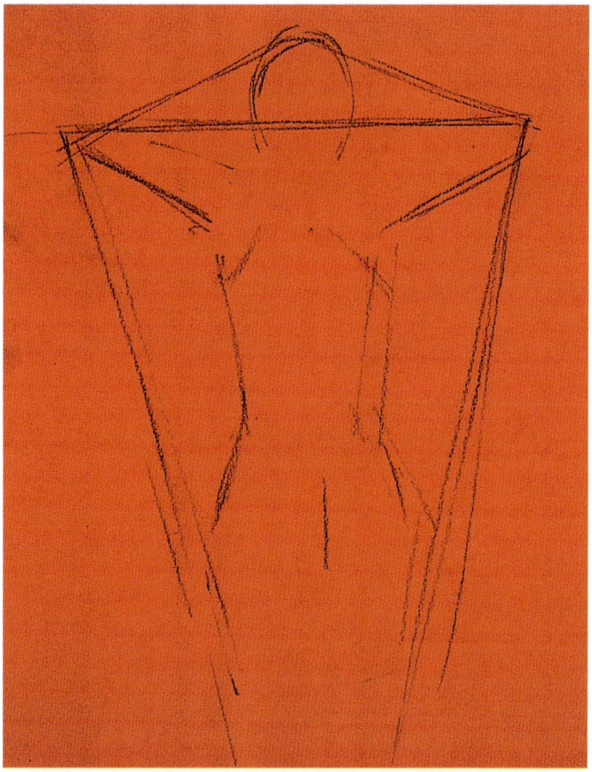

◀ *1. Durch eine geometrische Figur läßt sich jede Körperhaltung, so komplex sie auch sein mag, schematisch zusammenfassen. Diese Art, einen Akt zu entwerfen, hilft dabei, eine Skizze folgerichtig und sicher aufzubauen. Die einzelnen Teilkomponenten lassen sich sehr viel leichter auftragen und erfassen, als es die direkte Auseinandersetzung mit dem gesamten Körper erlauben würde.*

▼ *2. Wenn Sie das Schema entworfen haben, in dem die Figur entwickelt werden soll, fällt es nicht mehr schwer, die einzelnen Körperteile am richtigen Ort und formvollendet einzuzeichnen. Verwenden Sie auch für diesen Schritt flüchtige Striche, eine genaue Ausarbeitung ist nicht beabsichtigt. Es geht hier in erster Linie um das Erfassen der Formen, indem man vom Allgemeinen zum Besonderen geht.*

◀ *3. Die Striche für den Entwurf der Figur können Sie ausradieren oder mit Pastellkreide übermalen. Nun bringen Sie Kontraste an, die die Figur plastisch hervortreten lassen; der Farbton des Papiers fügt sich dabei ins Gesamtbild ein.*

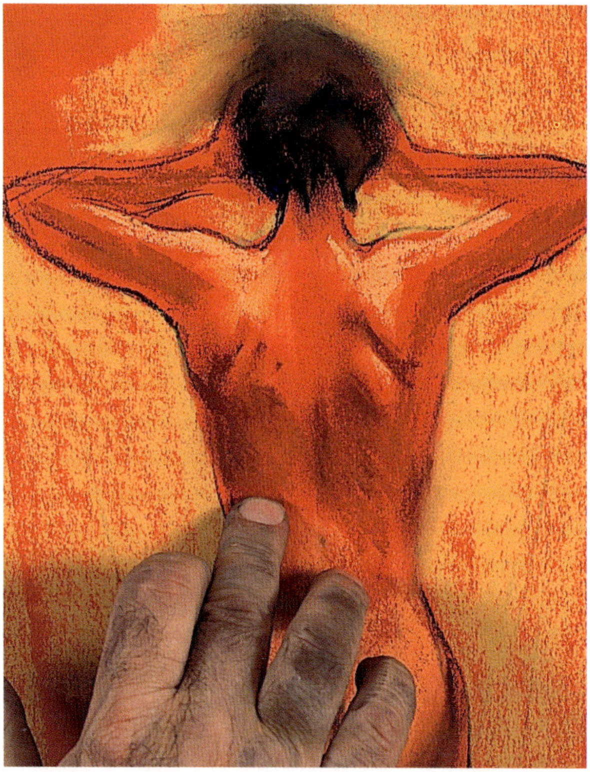

PLASTIZITÄT IN DER SKIZZE

Selbst wenn man Skizzen zeichnet, gibt es keinen Grund, bestimmte, für die Pastellmalerei charakteristische Techniken zur Darstellung des Lichteinfalls und der Plastizität völlig zu umgehen. Trotz ihres stets zügigen, spontanen Charakters kann man Skizzen dank der vielfältigen Möglichkeiten der Pastelltechnik auch leicht vermalen und nachmodellieren. Natürlich sollte man dabei nicht übertreiben, damit der frische, skizzenhafte Charakter der Zeichnung erhalten bleibt.

▶ *4. Wie zu Beginn dieses Kapitels gezeigt, können Sie eine Skizze mit flächenhaftem Auftrag beginnen, der eine formschöne und deutliche Strichführung ermöglicht. Gleichzeitig trägt dieses Verfahren zum Verständnis der Formen der Figur bei. Ist das Papier, wie in diesem Fall, farbig, läßt sich die Farbe des Malgrundes hervorragend einbeziehen: Auf diese Art können Sie die wichtigsten Formen hervorheben.*

Die wichtigsten Schattenstellen bringt man auf einer Skizze so an, daß die dem Licht exponierten Bereiche des Körpers genau festgelegt werden.

▶ *5. Schließlich verstärkt man die direkt beleuchteten Stellen. Wie Sie sehen, muß kein reines Weiß benutzt werden, um Formen auf der Skizze herauszuarbeiten. Sie können statt dessen andere helle Töne wählen, die Übergänge zwischen den mittleren Tönen und den beleuchteten Bereichen schaffen. Wenn Sie reines Weiß benutzen, muß es sehr punktuell aufgetragen werden. Der größte Teil des Papiers ist mit Farbe bedeckt, die Stellen des Malgrundes, die man noch entdecken kann, unterstützen den plastischen Eindruck der Abbildung.*

Schritt für Schritt
Aktstudie

An anderer Stelle wurde gezeigt, wie sich die Formen eines Körpers mittels der Anbringung von Schattenzonen modellieren lassen. Hier soll anhand eines weiblichen Modells das Modellieren durch Hervorhebung der angeleuchteten Stellen des Körpers geübt werden. Mit einer einzigen Farbe und weißen Pastellstrichen lassen sich die Formen eindrucksvoll darstellen. Verwenden Sie zudem farbiges Papier, so können Sie einen sehr realistischen Eindruck erzielen. Die Farbskala ist in dieser Übung aber auch deshalb so reduziert, damit Sie nicht übermäßig durch Farbgebungsprobleme abgelenkt sind.

BENÖTIGTES MATERIAL

Rote Pastellkreide (1), weiße Pastellkreide (2), Pastellstifte (3), farbiges Papier [Habana] (4) und Radiergummi (5).

1. Um eine klare Zeichnung der Konturen und Formen zu erarbeiten, kombinieren Sie am besten flächigen Auftrag und Linien mit der Kreidespitze. Fertigen Sie zunächst eine Skizze der Konturen an. Legen Sie auch Gesicht und Frisur mit einigen Strichen fest. Auf dieser Grundlage können Sie nun schon die Konturen von Nase und Mund situieren. In all diesen Bereichen muß sehr präzise vorgegangen werden, daher wird die Spitze der Pastellkreide verwendet.

2. Verwischen Sie mit der Fingerspitze vorsichtig die augenfälligsten Striche, und deuten Sie die Hauptformen mit Flächen an, die die Farbe des Papiers noch durchscheinen lassen: Auf diese Art werden die wichtigsten Lichteinflüsse genau festgelegt. Mit der Kante des Radiergummis können Sie den Lichteinfall auf den verwischten Stellen konkretisieren. Bringen Sie im Schatten der Brüste, am Hinterkopf und am erhobenen Arm Grautöne an. Legen Sie links von der Figur einen weiten, verwischten Hintergrund in roter Farbe an, damit der Körper stärker hervorgehoben wird.

3. Den Kontrast des verwischten Hintergrundes mit dem Modell verstärkt man nun mit leichten Strichen; die neue Mischung wird wieder mit den Fingern verrieben. Auch auf dem Körper werden die stärksten Kontraste in Rot angelegt und vermalt. Modellieren Sie den Unterleib in dunkler Farbe heraus. Man gibt wieder Farbe auf den Hintergrund und verwischt sie. Nun können Sie in Weiß die ersten Lichtflächen auf der Brust und der Seite des Körpers auftragen, den Bauch sollten Sie im Kontrast dazu mit schwarzer Pastellfarbe anlegen, die Sie mit den Fingern verreiben.

4. Mit schwarzer Pastellkreide verstärkt man die deutlichsten Schatten; der Simultankontrast hebt die angeleuchteten Stellen hervor. Nach dem Anlegen jeder Schattenfläche wird die aufgetragene Farbe mit den Fingern vermalt, um auf diese Weise die Form der Figur herauszumodellieren. Mit dem Radiergummi sind weitere Lichteffekte zu erarbeiten, so etwa die direkt beleuchteten Stellen an der Seite des Körpers und am Schambein. Diese Effekte können Sie mit weißen Strichen noch verstärken.

5. Nun sind die wichtigsten Lichtspiele im Gesicht anzulegen, dessen dunkler Teil in Rot eingefärbt wird. Mit schwarzem Pastellstift zieht man die Umrisse von Stirn, Nase und Mund. Unter dem Kopf empfiehlt sich ein sehr helles Weiß, das sich sanft mit der Farbe des Papiers verbindet. Verreiben Sie links noch etwas Rot auf dem erhobenen Arm. In weißer Pastellfarbe werden die Flächen des gesamten Sitzpodests angelegt, außerdem verstärkt man die Kontraste auf Arm und Nabel. Der Oberschenkel sollte noch mit dem Finger herausmodelliert werden, ohne daß die ursprüngliche Zeichnung verlorengeht. Ziehen Sie mit einem schwarzen Pastellstift die Umrisse der Körperformen nach.

6. Situieren Sie weitere Lichtpunkte auf dem Gesicht, und setzen Sie dunkle Töne kontrastierend daneben. Die Lichteffekte auf der linken Hand werden durch weiße Striche erreicht und die Finger einzeln gezeichnet. Mit rotem Pastellstift zieht man die Gesichtszüge nach. Wenn Sie genau hinsehen, dann bemerken Sie vermutlich einen kleinen Fehler bei den Proportionen in der Beinlänge des Akts – das ist kein großes Problem, da man Fehler in der Pastelltechnik stets korrigieren kann.

Wenn man für Arbeiten in Pastelltechnik meist farbiges Papier benutzt, dann deshalb, weil dessen Farbe die Palette der verwendeten Farben ergänzt und sich so in den Gesamteindruck einfügt, als handele es sich um eine weitere Farbe.

7. Zeichnen Sie die Details des Körpers mit klaren dunklen und hellen Strichen, die Sie leicht mit dem Untergrund vermalen. Die Bereiche mittleren Tonwertes auf den Beinen sollten Sie direkt mit roten Strichen auftragen, die abschließenden Kontraste in Schwarz. Die Schattenbereiche werden erneut modelliert, indem man sie ein wenig mit dem Hintergrund vermalt. Mit weißem Pastell können beide Knie und die Ferse partiell aufgehellt werden. Schließlich verbleibt nur noch, den Hintergrund der Hände mit roter Pastellkreide zu gestalten.

ZUSAMMENFASSUNG

Das kleine Glanzlicht auf der Bauchwölbung hebt durch den entstehenden Kontrast die mittleren Töne hervor. Die hellen Flächen zeigen nicht nur die Richtung des Lichteinfalls an, durch sie läßt sich auch die Oberflächenstruktur der Haut darstellen.

Mit roter Pastellkreide malt man den Hintergrund für die Hände.

Das partielle Abtragen von Farbe mit dem Radiergummi ist bei jeder Arbeit in Pastell von großem Nutzen. Es ermöglicht nicht nur Korrekturen, sondern wird auch verwendet, um auf Flächen Lichteinflüsse wiederzugeben.

Wie man an dem Lichtpunkt auf dem Knie sieht, genügt ein einfacher Fleck, um den Eindruck großer Detailliertheit zu erwecken.

Die Farbe der Haut

DIE WICHTIGSTEN LINIEN

Im vorigen Kapitel konnten Sie ausführlich studieren, wie ein Akt aufgebaut sein sollte. Auf dieser Grundlage soll hier gezeigt werden, wie Sie den Entwurf eines menschlichen Körpers weiter ausarbeiten können. Achten Sie besonders darauf, wie die Linien ausgehend von sehr einfachen Grundformen entwickelt werden und auf ihre Verbindung untereinander.

Die Darstellung des menschlichen Körpers ist ein sehr komplexes Thema. Im vorigen Kapitel wurde aufgezeigt, wie Sie Schwierigkeiten beim Entwurf meistern können. Hier nun sollen auf der Basis dieses Grundwissens die Probleme angegangen werden, die bei der weiteren Ausarbeitung entstehen. Der Schwerpunkt liegt dabei auf dem Aspekt der Hautfarbe.

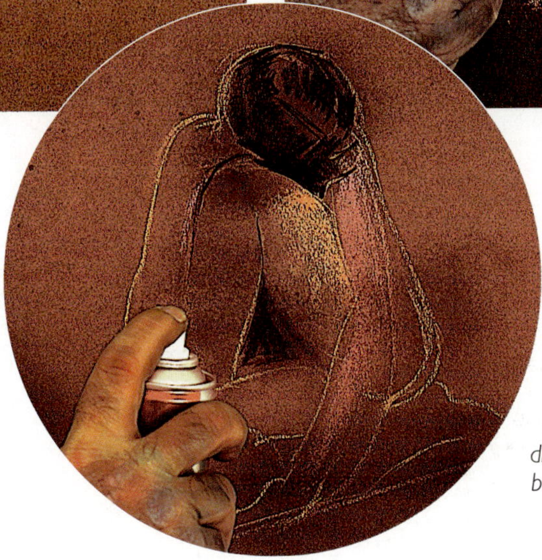

▼ *1. Bei den einleitenden Arbeiten helfen die Linien und Schemen insbesondere unerfahrenen Malern sehr dabei, die Grundstrukturen und -formen zu entwerfen.*

◀ *3. Ist die Zeichnung vollständig entworfen, können Sie diesen ersten Schritt auch fixieren. Der Fixierer hilft, die Zeichnung gegen ungewollte Veränderungen und unerwünschte Fremdeinflüsse zu schützen.*

▼ *2. Zeichnen Sie eine Skizze der Figur in das vorbereitete Schema. Die geometrischen Formen werden dabei durch präzisere Konturen ersetzt. Sind die wichtigsten Linien in das Schema eingezeichnet, verliert dieses seine Funktion, und Sie können es mit dem Radiergummi entfernen. Sie brauchen dabei allerdings nur die Linien auszuradieren, die den Gesamteindruck stören oder Sie bei der weiteren Ausarbeitung in die Irre führen könnten.*

1. Es ist wichtig, in diesem ersten Schritt die richtigen Farbtöne zu verwenden, da sein Resultat als Grundlage für die Erarbeitung von Licht- und Schattenzonen dient. Obwohl Pastellfarben deckend sind, sollten Sie starke Kontraste zu der hellen Grundfarbe zunächst vermeiden, da sich sonst später an einigen Stellen eine trübe Mischung ergeben kann. Die Farbtonskala der Pastellkreiden ist nuanciert genug, um erste Schattierungen durch feine Abstufungen zu verdeutlichen.

GEEIGNETE FARBTÖNE

Hier wird die vorhergehende Übung durch farbliche Gestaltung fortgesetzt. Die Farbe der menschlichen Haut variiert mit den Lichteinflüssen. Achten Sie also vor allem auf den Einsatz von Licht- und Schattenzonen und darauf, wie das Anbringen zusätzlicher heller Bereiche und Nuancen die Stärke des Lichts mindert. Die verwendete Farbpalette kann mit dem Geschmack des Künstlers und vor allem mit den Anforderungen des Motivs anwachsen.

3. Wie Sie sehen, weist die ausgewählte Farbpalette kalte und warme Farben auf. Die Blautöne können dabei helfen, glatte und zarte Hautpartien zu betonen. Abschließend tragen Sie die wichtigsten Glanzlichter und Lichtflächen sowie die hervorstechend dunklen Bereiche auf. Einige Stellen werden mit den darunterliegenden Farben vermalt, während an anderen die einzelnen Striche erkennbar bleiben.

2. Legen Sie auf der geschaffenen Farbgrundlage die dunkleren Töne für die Schatten an. An einigen Stellen ist es sehr wichtig, daß der Kontrast zwischen den Licht- und Schattentönen klar und wirkungsvoll hervortritt, an anderen hingegen werden die Töne miteinander vermalt.

Die Hautfarbe hängt in hohem Maße vom einfallenden Licht ab, die hellen Stellen auf dem Körper sind ebenfalls Ergebnis der Beleuchtung.

RATSCHLÄGE UND DETAILS

In diesem Kapitel soll neben anderen den Akt betreffenden Fragen untersucht werden, wie Glanzlichter und Lichtflächen eine beeindruckende Darstellung von Körperhaftigkeit auf farbigem Papier ermöglichen. Die Plastizität, die auf diese Weise erreicht wird, kann außerordentlich realistisch wirken. In der nun folgenden Übung sollen die auf diesen Seiten vorgestellten Begriffe in die Tat umgesetzt werden.

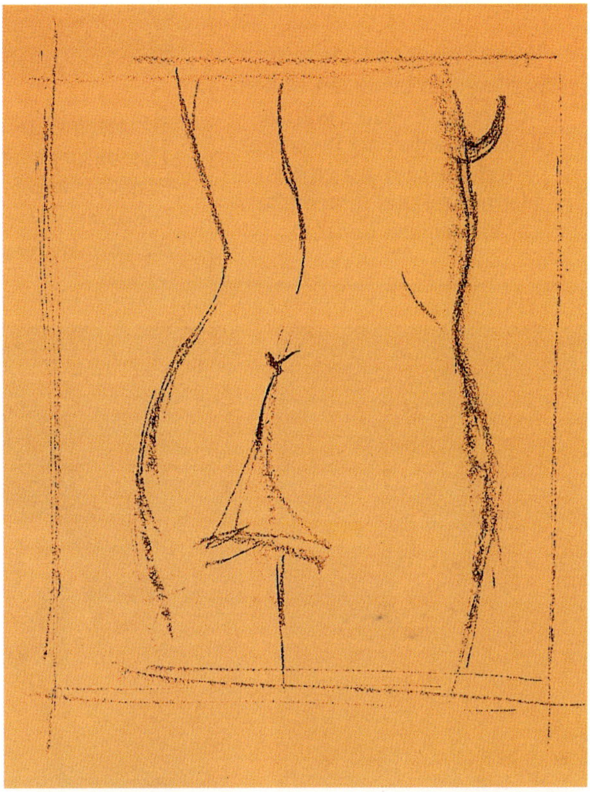

◀

1. Um die Grundform und die Umrisse des Motivs festzulegen – in diesem Fall die des Rückens einer Frau – ziehen Sie ein paar sehr einfache Linien in roter Pastellkreide. Es ist wichtig, jeden Teil des Körpers geduldig zu konstruieren und dabei die Form der Rundungen und die Proportionsverhältnisse zwischen den einzelnen Linien des Körpers zu beachten.

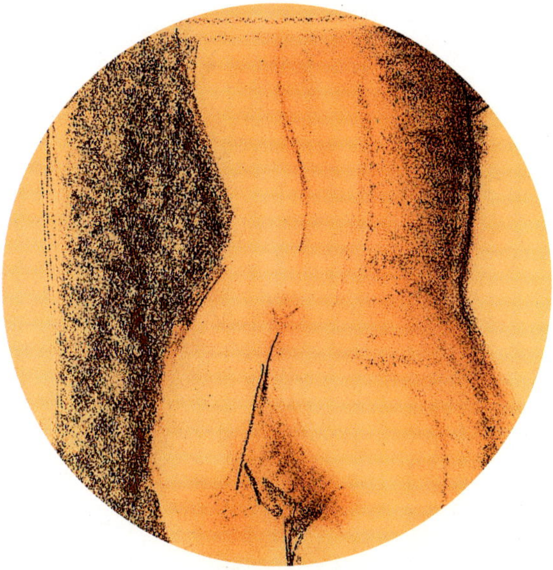

▼ *2. Fahren Sie fort, indem Sie die dunklen Stellen auf dem Körper anlegen. Dadurch werden die Licht- und Schattenbereiche genau festgelegt. Der Körper wird durch die dunklen Schattierungen begrenzt, und der Malgrund fügt sich als mittlerer Tonwert in das Gesamtbild ein.*

◀

3. Verstärken Sie die Kontraste mit schwarzer Pastellkreide. Arbeiten Sie die hellen Bereiche mit einem Radiergummi heraus, und tragen Sie mit weißer Farbe in direkter Anwendung Glanzlichter auf. Wie Sie an diesem Beispiel sehen können, müssen die Lichtflächen auf der Figur kein großes Problem darstellen. Die Farbe der Haut ist durch den Farbton des Papiers gegeben.

Wenn Sie einen Fixierer für Pastellkreiden benutzen, sollten Sie eine gute Marke wählen. Die Fabrikanten hochwertiger Produkte sind auf größte Haltbarkeit und dauerhafte Wirksamkeit bedacht.

ARBEITSVORSCHLÄGE

In diesem Kapitel sollen drei bei der Darstellung einer Aktfigur anwendbare Pastelltechniken kombiniert werden. Die gemeinsame Grundlage bildet ein die Formen vereinfachendes Schema. Zuerst wird ein einfarbiger Entwurf der Figur gezeichnet, auf dem nur die Schattenflächen angelegt werden. In den folgenden Schritten soll dann schichtweise die Farbe aufgetragen werden.

▼ *1. Skizzieren Sie die Figur mit flach gehaltener Pastellkreide. Diese Art zu arbeiten ermöglicht ein schnelles und deutliches Zeichnen. Mit der Fingerkuppe vermalen Sie einige Stellen auf dem Papier. Dann werden mit klaren Strichen die Bereiche herausgearbeitet, die hervorgehoben werden sollen.*

▼ *2. Die geschaffene Figur bildet den Ausgangspunkt für alle weiteren Arbeitsschritte. Da dieser erste Schritt die dauerhafte Grundlage darstellt, können Sie ihn ruhig fixieren. Mit direkten Strichen färben Sie die Figur nun in hellen, leuchtenden Farben ein, die nicht vermalt werden dürfen. Beachten Sie, wie Farbtupfer entstehen, wenn Sie einen Farbton mit einem anderen überlagern.*

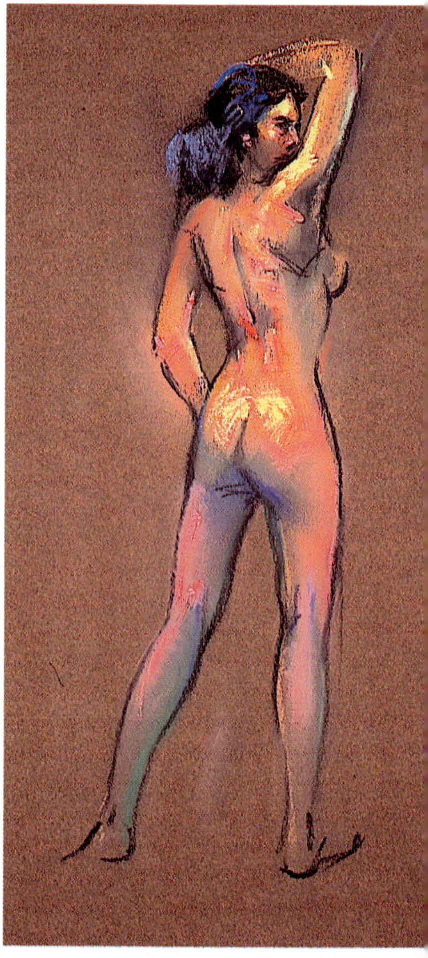

▼ *3. Sie können die Arbeit nun als beendet ansehen; es bieten sich allerdings noch weitere Ausarbeitungsmöglichkeiten. Wenden Sie an einigen Stellen die Vermaltechnik an, während Sie andere unberührt lassen. In dieser Zusammenstellung geben die deutlichen Striche eine individuelle Interpretation der Hautfarbe.*

Schritt für Schritt

Weiblicher Akt

Das Studium des menschlichen Körpers ist eines der spannendsten und gleichzeitig komplexesten Themen in der Malerei. Die Pastellfarben ermöglichen es, sich dem Thema auf eine direktere Art zu nähern als andere Materialien, und zwar aufgrund des fast zeichnerischen Charakters, den man mit der Kreide erreicht. Zur Übung soll nun erneut eine Figurenstudie ausgeführt werden. Begonnen wird mit einem vereinfachten Schema, so daß der Künstler über einen guten Bezugspunkt für die Darstellung der einzelnen Formen und die Komposition des Gesamtkörpers verfügt.

BENÖTIGTES MATERIAL

Pastellkreiden (1), helles, tabakfarbenes Papier (2) und Lappen (3).

1. Beginnen Sie damit, auf der Grundlage des Schemas, welches die Formen nur sehr allgemein andeutet, die Skizze der Figur zu entwerfen. Das farbige Papier beeinflußt die aufzutragenden Farben entscheidend; legen Sie daher um Ihre Skizze herum sehr helle Farbe an, die die Gestalt Ihres Modells deutlich hervortreten läßt.

2. Der helle Farbton, der die Figur begrenzt, ermöglicht es, daß sich die Papierfarbe als ein weiterer Ton in die Farbskala einreiht. Richten Sie Ihr Augenmerk auf den mittleren Farbton des Oberschenkels, er entspricht exakt der Farbe des Papiers. Diese Stelle kann so bis auf weiteres weitgehend unbearbeitet bleiben. Noch richtet sich das Streben nicht darauf, Plastizität herauszubilden. Mit flächigem Auftrag werden die grundlegenden Töne angelegt, welche die Situierung heller und dunkler Bereiche bereits andeuten.

3. Richten Sie Ihre Aufmerksamkeit besonders auf das Verhältnis jeder einzelnen Farbe zur Intensität des Lichteinfalls: Jede Helligkeitsstufe wird in einer anderen Farbe dargestellt. Die hellsten Flächen befinden sich auf der rechten Schulter und werden durch ein sehr helles, fast orangefarbenes Rosa wiedergegeben. Legen Sie die dunkelsten Schatten vorerst mit roter Farbe an; am Bein, am Unterarm und am Bereich oberhalb der Brüste tragen Sie Orangetöne auf. Da diese Bereiche vorerst nicht allzu deutlich begrenzt werden sollen, verreiben Sie die Ränder der Farbflächen mit dem Finger.

4. Wenn Sie die wichtigsten Töne aufgetragen und ihre Ränder vermalt haben, werden die Kontraste ein wenig verstärkt, um die Formen des Modells zu präzisieren. Die dunkelsten Bereiche, so zum Beispiel der Schatten unter dem Arm, werden direkt in Schwarz angelegt, jedoch ohne den Kontrast übermäßig zu betonen. Beachten Sie auch den Schatten unter dem Bein: Für die leichteren Schatten verwenden Sie Blau und erhalten so den trüben Grauton dieses Bereichs.

5. *Für die mittleren Hauttöne des Beins legen Sie eine andere Art von Schatten an, indem Sie den Farbton des Papiers mit gebrannter Umbra abdämpfen, ohne allerdings die Farbe des Papiers ganz abzudecken. Nun ist es sehr viel leichter, den hellen Bereich des Beins zu malen, dessen direkt angeleuchteter Teil bis zum Fuß die Form einer Linie annimmt. Außerdem ist es wichtig, die ersten Glanzlichter am Knie schon endgültig anzubringen; sie bilden den Bezugspunkt für die hervorstechendsten Lichtflächen auf der Haut.*

6. *Der Schatten unter dem Arm sticht zu stark hervor, deshalb schwächen Sie ihn etwas mit dem Finger ab, ohne jedoch die Farbe ganz zu entfernen. Für die Anbringung weiterer Lichtflächen auf der rechten Schulter des Modells dienen, wie bereits erwähnt, die Glanzlichter auf dem Knie als Bezugspunkt.*

Je nach Helligkeit der Umgebung werden die Glanzlichter auf der Haut nicht in weißer Farbe dargestellt, da die Haut die Farbe des Lichtes filtert und bricht. Es empfiehlt sich hier besonders die Verwendung heller Farben wie Neapelgelb.

7. Die Form des Beins heben Sie hervor, indem Sie rundherum ein reines Weiß anlegen. Zusätzliche helle Stellen, wie etwa der rosafarbene Ton des Bauchs oder Knies, schließen diese Übung ab. Wie zu sehen war, muß für eine gute Darstellung der Hautfarbe eine weite Farbpalette ausgewählt und auch der Farbton des Papiers einbezogen werden. Trotz der großen Auswahl gehören aber alle Farben tendenziell einer limitierten Farbtonskala an und ermöglichen nur jene Kontraste, die innerhalb dieser möglich sind. Auf die zusätzliche Verwendung skalenfremder Töne wurde jedoch nicht ganz verzichtet: Die Farbe Blau eignet sich hervorragend, um sanfte, glatte Hautpartien zu charakterisieren oder Schatten zu spezifizieren.

ZUSAMMENFASSUNG

Die helle Farbe rings um die Figur ermöglicht es, den Ton des Papiers in die verwendete Farbpalette zu integrieren.

Tragen Sie die Töne entsprechend der Helligkeit der Flächen auf; im dunklen Bereich des Oberschenkels und an der ebenfalls dunklen Stelle am Arm beispielsweise ist derselbe Ton zu verwenden.

Ein strahlendes Weiß hebt das Bein hervor und intensiviert den Kontrast zwischen Hintergrund und Figur.

Die Farbe des Papiers trägt zur Gestaltung der Schatten mittleren Tonwertes an den Beinen bei.

So malte
Edgar Degas
(Paris 1834–1917)

Tänzerinnen

BENÖTIGTES MATERIAL

Pastellkreiden (1), Pastellstifte (2), hellbraunes Papier (3) und Lappen (4).

Degas war einer der bedeutendsten Künstler des Impressionismus. Er tat sich sowohl in Zeichnung und Malerei als auch in der Bildhauerei hervor. Nach seiner ersten, noch deutlich historisch orientierten Schaffensphase schloß er sich dem Kreis der Impressionisten um Manet an. Sein darstellerisches Interesse galt dem Erfassen des Lichts und des flüchtigen Augenblicks. In seinen Gemälden verbindet sich eine nuancierte Verwischtechnik mit der Ausdruckskraft direkt gesetzter Striche.

Degas hatte eine besondere Vorliebe für die Darstellung von Tänzerinnen und die Welt des Theaters, denn dabei konnte er die verschiedenen Wirkungen der künstlichen Beleuchtung studieren und versuchen, den Augenblick so einzufangen, als sei sein Bild ein Foto. Es lohnt sich, das Werk von Degas zu studieren, um zu verstehen, wie Lichter und Formen durch Farbe klar und unmittelbar dargestellt werden können. Die Beleuchtung erwirkt starke Kontraste, doch kann man nicht von Helldunkelmalerei sprechen, da kaum Übergänge zwischen den einzelnen Tönen bestehen. Dieses typische Merkmal seiner Malerei wird durch die Anwendung von Pastellfarben verstärkt, welche ein spontanes Arbeiten ermöglichen, bei dem helle Töne über dunklere gelegt werden können.

1. Eine gute Vorzeichnung ist in dieser Übung sehr wichtig, da es ohne sie nicht möglich wäre, jedes der einzelnen Kompositionselemente an der richtigen Stelle zu situieren. Wie Sie sehen, wird zu Beginn ausschließlich mit ganz reinen, einfachen Linien gearbeitet. Die aufgetragenen Striche ähneln zwar denen eines Bleistifts, wurden aber mit der Spitze einer Pastellkreide gezeichnet. Degas entwirft gleichzeitig ein Gerüst und eine Kompositionsstudie. Dieses Vorgehen ermöglicht es, den Bildentwurf so unmittelbar zu erarbeiten, wie es die bewegten Figuren erfordern.

2. Steht die Zeichnung einmal vollständig, sowohl was die Proportionen als auch die Komposition betrifft, so können Sie damit beginnen, die ersten Farbstreifen aufzutragen. Zuerst legen Sie die Stellen an, die am deutlichsten hervorstechen, so etwa die dunklen Stellen im Hintergrund. Außerdem gestalten Sie die Ballettkleider der Tänzerinnen, die über dem Bein schweben. Dieser Effekt ist besonders interessant, da man mit blauer Farbe beginnt, auf welche daraufhin ein Grünton gesetzt wird. Die optische Mischung beider Töne erzeugt den hellen, smaragdfarbenen Ton des Originals.

Sie müssen die Farben sehr behutsam vermalen, um zu vermeiden, daß sie sich zu stark mischen. Trübe Flächen können ruhig mit sehr klaren Tönen in Wechselwirkung treten.

3. Degas richtete sein Schaffen vor allem darauf aus, den Augenblick einzufangen. Deshalb kombinierte er den farbigen Strich mit Aussparungen des Malgrundes. Der Farbton des Papiers integriert sich an all den Stellen in das Bild, an denen die Körnung nicht ganz mit der Pastellkreide überdeckt ist. Mit leichtem Strich können Sie den Malgrund zwischen den aufgetragenen Flächen hindurchscheinen lassen. Auf diese Weise legen Sie die Hautfarbe der Figuren an: Verwenden Sie dafür ein helles Rosa, das mit der Farbe des Papiers eine optische Mischung eingeht. Im Hintergrund werden die Kleidungsstücke der Tänzerinnen mit lockeren Strichen in Orange aufgetragen.

4. Gestalten Sie den gesamten unteren Teil der rechten Seite in einem trüben Ton. Diesen erreichen Sie, indem Sie direkt auf dem weißen Papier etwas Blau mit Schwarz vermischen. Verwischen Sie diese Farben mit den Fingern, bis das Papier vollständig bedeckt und vom Farbton des Malgrundes nichts mehr zu sehen ist. Bevor weitere Farbstriche aufgetragen werden, gilt es, einige Farben zu vermalen, so zum Beispiel die der Ballettkleider, auf welchen dadurch die Lichtflächen verschwimmen. In diesem Bereich läßt man die trübe Farbe des Vordergrunds in den Umriß des Ballettkleides eindringen, wodurch man seine Form auflöst.

Die Farbe des Malgrundes sollte selbst an den am dichtesten bemalten Stellen ein wenig durchscheinen. Sie ermöglicht es, eine bestimmte Atmosphäre im Gesamteindruck des Bildes zu erzeugen.

5. Degas bereicherte den Impressionismus durch meisterhafte Integration des Lichteinflusses in die Personendarstellung. Die Hintergründe sind stellenweise nur durch halb verwischte Flächen angedeutet. In diesem Ausschnitt sehen Sie, wie die weiter entfernten Figuren gestaltet werden. Das zunächst aufgetragene Dunkelbraun bildete die Gestalten der beiden Personen nur ungenau heraus; nun werden die Figuren durch das Anlegen heller Hautfarben deutlicher bestimmt, dabei jedoch nicht außerordentlich präzise ausgearbeitet. Da man hier sehr kleinformatig arbeitet, eignen sich Pastellstifte besser als Kreiden: Der Strich ist etwas härter, und mit der Spitze läßt sich sehr detailliert zeichnen.

Pastellstifte sind sehr empfindliche Werkzeuge, die man sorgfältig behandeln muß. Wenn sie stumpf sind, sollten Sie keinen Bleistiftanspitzer, sondern ein Teppichmesser zum Spitzen verwenden.

6. Gestalten Sie den Hintergrund über den Figuren auf der linken Seite mit mehreren Grüntönen. Einzelne Formen werden dabei vereinfacht, dann vermalt, so daß sie primär von den sie umgebenden Grüntönen bestimmt sind. Details werden noch nicht entwickelt.

7. Mit einem dunklen Pastellstift können Sie nun die Figuren im Hintergrund konkretisieren. Durch das Anbringen von Kontrasten werden die Gesichtszüge bestimmt, welche wiederum die Kopfformen festlegen und sich als Lichtpunkte vor dem dunklen Hintergrund abheben. Da Sie dabei den Strich des Pastellstifts mit der Fläche der Pastellkreide kombinieren, können Sie eine sehr charakteristische Struktur erzeugen, indem Sie jeden Bereich in eine andere Richtung verstreichen. Verzieren Sie das Ballettkleid im Vordergrund mit sehr lockeren, hellen Strichen.

8. Wenn Sie den Hintergrund um die Figuren herum einfärben, zeichnen sich deren Konturen deutlich ab, und die Papierfarbe integriert sich wirksam in die ausgewählte Farbskala: Sie brauchen nur ein paar vage Licht- und Schattenstellen anzubringen, damit die Figuren das gewünschte Aussehen erhalten. Die hellsten Stellen werden dabei in einer weißlichen Pastellfarbe gemalt – verzichten Sie jedoch vollständig auf reines Weiß.

9. In diesem letzten Arbeitsschritt vertieft Degas den impressionistischen Charakter seines Bildes. Dazu verwendete er reine, miteinander kontrastierende Farben. Diese Farben trug er in Form direkter Striche auf und setzte sie übereinander. Legen Sie also sehr viel hellere und leuchtendere Striche auf die Farbe des Ballettkleides. Verwenden Sie hierfür Pastellkreide, da diese einen ausdrucksvolleren Auftrag ermöglicht als der Pastellstift. Nun werden die Gesichtskonturen der Tänzerin im Vordergrund und der Körper der übrigen Figuren vollendet. Färben Sie die Haut und auch die Kleidung an einigen Stellen blau ein, da sich darauf die Farbe der Umgebung reflektiert. Abschließend können Sie den Boden mit sehr hellen, geschwungenen Strichen ergänzen.

ZUSAMMENFASSUNG

Die Farbe des Hintergrundes betont die Figuren, die durch den Kontrast sehr viel heller wirken.

Stellen Sie das Ballettkleid der Hauptfigur in sehr hellen und leuchtenden Farbstrichen dar.

Der Ton der Haut ist sehr hell; zwischen den Strichen scheint Papierfarbe durch.

Für das Ballettkleid verwendet man zwei verschiedene Farben, um einen smaragdfarbenen Ton zu kreieren.

Tragen Sie auf der Bodenfläche sehr helle, geschwungene Striche auf.

So malte

Claude Monet

(Paris 1840–Giverny 1926)

Die Waterloo-Brücke in London

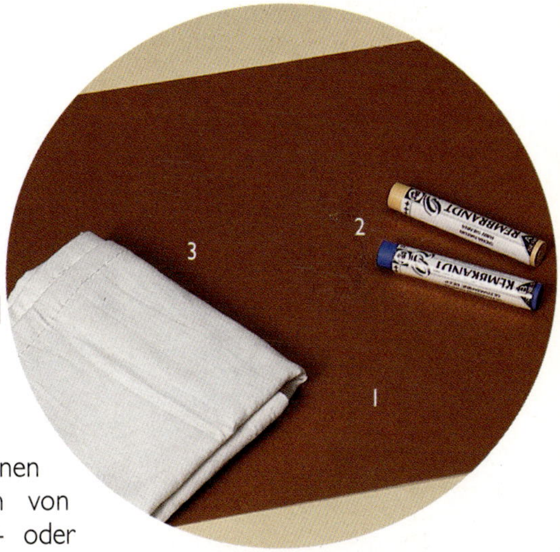

Monet war vielleicht der bedeutendste Maler des Impressionismus; er wird zumindest als Gründer dieser Stilrichtung betrachtet, deren Name auf eines seiner Bilder zurückgeht: *Impression, aufgehende Sonne* (1872). Monet entwickelte in seiner Malerlaufbahn die zentralen Theorien des Impressionismus, die sich unter anderem mit dem Verständnis des Lichts und der Bildgestaltung in Farbtupfern beschäftigten. Seine Werke beeinflußten sowohl die Maler seiner Generation als auch zeitgenössische Künstler.

Pastellfarben bieten auf der einen Seite malerische Möglichkeiten von ebensolcher Vielfalt wie Wasser- oder Ölfarben, auf der anderen Seite jedoch ermächtigen sie den Künstler auch, wie Sie an dieser schnellen Skizze erkennen können, sich dem unmittelbaren und spontanen Charakter der Zeichnung anzunähern. Ein weiterer Vorteil besteht in den einzigartigen technischen Möglichkeiten dieses Materials: das helligkeitsunabhängige Übereinanderlegen und das Verschmelzen von Farben. Monet zeigt in dieser prachtvollen und gleichzeitig einfachen Übung zur Wirkung des Lichts die technischen Möglichkeiten der Simultankontraste.

BENÖTIGTES MATERIAL

Sienafarbenes Papier (1), Pastellkreiden (2) und Lappen (3).

1. Die Unmittelbarkeit des Arbeitens mit Pastellfarben gestattet es, daß Sie eine Zeichnung anfertigen können, ohne daß sich ein Unterschied zu anderen zeichnerischen Verfahren feststellen ließe. Hier handelt es sich um eine sehr schnelle Skizze, auf der versucht wurde, lediglich das Wesentliche an der berühmten Brücke zu erfassen, ohne Details auszuarbeiten. Es wird nur ein Eindruck der durch den Londoner Nebel betrachteten Brücke wiedergegeben. Dabei kann die Zeichnung zwar aus locker aufgelegten Strichen bestehen, muß aber eine Orientierung bieten.

2. Der dem Wasser entsprechende Bereich wird zuerst mit weißer Farbe eingefärbt, die jedoch nirgends die Farbe des Papiers ganz verdekken darf. Sie sollten daher das Kreidestück nicht fest aufdrücken. Es empfiehlt sich, mit der Seite der Kreide eine breite Fläche zu ziehen und die Farbe mit den Fingern zu verreiben. Sie können die Brücke auf dieselbe Art gestalten wie das Wasser: Die dazu verwendeten Farben sollten allerdings sehr leuchtend sein. Für das Innere der Brücke empfiehlt sich ein sehr helles Violett. Auf der rechten Seite verwendet man denselben Farbton, doch trägt man ihn dort direkt in Streifen auf.

3. Auf diesem Bild versucht Monet, nicht die Gegenstände selbst, sondern ihre Lichtflächen auszuarbeiten. Dies erreicht er, indem er von den Kontrasten ausgeht, die die Lichter erzeugen, ohne dabei die Formen allzu konkret festzulegen. In diesem Ausschnitt können Sie beobachten, wie sich die Reflexe auf der Wasseroberfläche abzeichnen. Die Spiegelung der Brücke im Wasser läßt sich mit einem schnellen Zickzackstrich der Pastellspitze abbilden, wobei nach unten hin immer weniger Druck ausgeübt werden darf. Sollte der Strich zu deutlich sein, können Sie leicht mit dem Finger darüberfahren, um ihn in den Farbton des Papiers hinein zu verwischen.

4. Das Übereinandersetzen von Farben ist eine Konstante in jeder Pastelltechnik. Die Pastelltechnik ermöglicht es Monet, verschiedene Techniken beim Arbeiten unmittelbar zu kombinieren. Es können helle Striche aufgetragen werden, die Simultankontraste erzeugen. Über eine verwischte Schicht wird sofort eine andere gesetzt, die unvermischt und sehr präzise sein kann, wie es in dieser Arbeit der Fall ist. Mit der blauen Farbe, die schon für die Skizze der Brücke verwendet wurde, setzen Sie nun an einigen Stellen konkrete Striche über den zuvor aufgetragenen und bereits vermalten Ton.

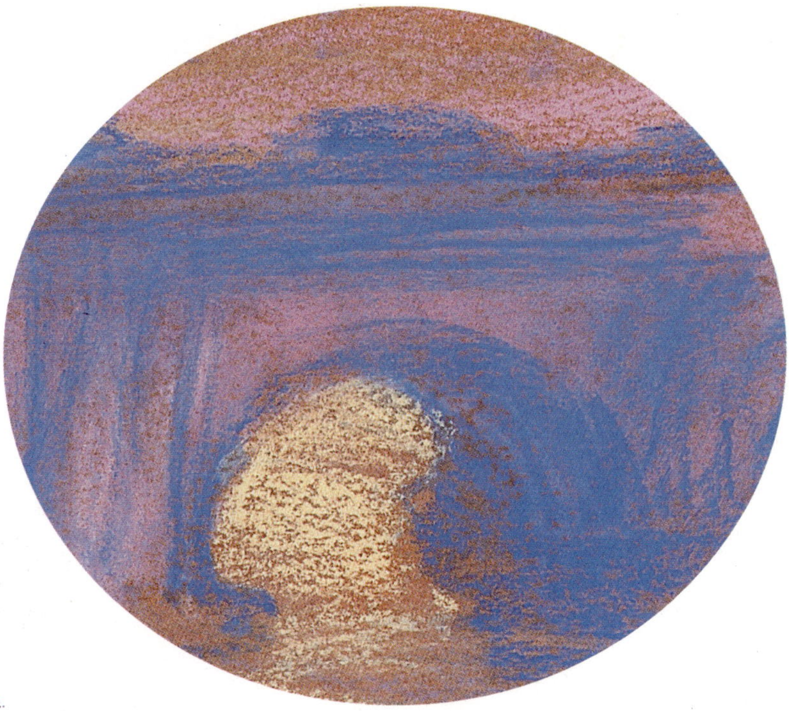

5. Die Brückenbögen werden durch einen starken Kontrast verdeutlicht, den Sie mit blauer Farbe und zusätzlichen Lichtflächen noch verstärken können. Da Sie auf farbigem Papier arbeiten, müssen Sie partiell so viel Farbe auflegen, daß die Körnung des Papiers vollständig abgedeckt ist. Nur so erhalten Sie reine, helle Töne, die nicht vom Ton des Malgrundes nuanciert oder gebrochen werden. Die Skizze wird nicht weiter ausgearbeitet, Sie können aber durch ein paar helle Striche die Formen andeuten.

6. Gestalten Sie den größten Teil der Brücke mit raschen und ausdrucksvollen Strichen. Wo die Pastelltöne an die Farbe des Papiers grenzen, scheinen sie zu vibrieren. Im oberen Bereich verwendet man dazu sehr helle Töne, darunter setzt man helles Violett und Elfenbein. Um allzu starke Kontraste zu vermeiden, sollten Sie jedoch kein reines Weiß benutzen. Verreiben Sie mit der Fingerspitze einige Stellen auf dem Bild, wodurch der Eindruck von Nebel hervorgerufen wird.

7. Bislang dienten Flächen und Striche der Grundierung, wobei einige Stellen stärker und andere schwächer verrieben wurden, doch sollten die formbildenden Kontraste letztlich nicht betont werden. Die Kontraste werden nun auf dem Bild durch unterschiedlich helle Flächen dargestellt. Auf dem Brückenbogen links erkennt man auch den Willen, Volumen herauszuarbeiten. Arbeiten Sie dort mit mehr Nachdruck, um den Schatten zu betonen. Tragen Sie merklich mehr Glanzlichter auf, um den Kontrast zu den Schattenbereichen zu steigern. Die Darstellung des Wassers hat eher graphischen Charakter; verwenden Sie dafür die Spitze der Pastellkreide.

8. Die hervorstechend hellen Stellen mußten bislang nicht hervorgehoben werden. Obwohl ein Pastellbild jederzeit korrigierbar ist, müssen Sie beim Vermalen der hellen Schattierungen auf dem Malgrund darauf achten, die richtige Anordnung der Lichtnuancen aufrechtzuerhalten. Die reinweißen Striche werden sehr spärlich aufgetragen, obwohl sie einen schönen, deutlichen Kontrast zu den Blautönen und sogar zum Malgrund bilden würden. Monet interessierte sich nämlich stärker dafür, das Licht zu erfassen, als konkrete Formen darzustellen. Die weißen Striche dienen dem Zweck, die für die Atmosphäre notwendige Tiefenwirkung zu schaffen.

9. Für die Wellen auf dem Wasser müssen Sie viele lichte Töne benutzen, um das Spiel der Kontraste mit den Blautönen zu betonen. Indem Sie diese Kontraste hervorheben, können Sie gleichzeitig die helle Stelle zwischen den Brückenbögen darstellen, wobei Sie die Farbe des Papiers für die am tiefsten im Nebel versunkenen Bereiche aussparen müssen. Schließlich legt man noch einmal an den Stellen, die stärker hervortreten sollen, etwas blaue Farbe auf, während man andere so stehenläßt, als seien sie von dichtem Nebel umhüllt.

ZUSAMMENFASSUNG

So malte

Odilon Redon

(Bordeaux 1840–Paris 1916)

Die Muschel

Odilon Redon spielte eine äußerst bedeutende Rolle in den künstlerischen Avantgardebewegungen, und sein Einfluß auf spätere Maler ist ganz offenkundig. Gemeinsam mit Gustave Moureau begründete er die symbolistische Strömung, die später in den Surrealismus mündete, zu dessen Köpfen unter anderen Salvador Dalí zählte.

Odilon Redon schuf einen großen Teil seines Werkes in Pastellfarben. Sicher zählte dieses Material zu seinen liebsten, weil damit sowohl das Vermalen der Farben als auch das Anbringen von Kontrasten möglich ist. Der realistische Charakter des Pastells entspringt dem Wechsel von klar gezeichneten Linien mit nur schwach angedeuteten Tönen. Bemerkenswert ist auch die großflächige Integration der Farbe des Papiers in die Gesamtkomposition.

BENÖTIGTES MATERIAL

Sienafarbenes Papier (1), Pastellkreiden (2) und Lappen (3).

1. Eines der wichtigsten Merkmale dieses Werks ist die perfekte Kombination der zeichnerischen Strichführung mit dem flächigen, malerischen Charakter der Pastellkreide. Die Zeichnung ist nicht an allen Stellen des Bildes sichtbar; sie taucht stellenweise auf und verschwindet wieder, wodurch das Bild interessant und geheimnisvoll wirkt. Zeichnen Sie zunächst mit der Spitze der Pastellkreide; nur die wichtigsten Linien und Formen werden angelegt. Einige davon werden später sogar wieder ganz mit Farbe bedeckt, so etwa die Linien am linken oberen Rand.

2. Es scheint, als ziehe Odilon Redon es vor, zuerst die deutlichsten Kontraste anzugeben und so eine Grundlage zu schaffen, auf der sich sowohl mit dem Anlegen heller als auch dunkler Flecken weiter arbeiten läßt – folgen Sie seinem Beispiel. Auf diesem Ausschnitt können Sie sehen, wie dem Farbton des Papiers ein helles Rosa beigefügt wird, welches später als Ausgangsbasis für die Gestaltung des Perlmutt im Innern der Muschel dienen wird.

Beim Farbauftrag müssen Sie sorgfältig vorgehen, da sich auf farbigem Papier helle wie dunkle Farben deutlich vom Hintergrund abheben.

3. Für die Umgebung der Muschel verwendet man leicht zu Grau neigende Grüntöne. Wenn Sie mit den Fingern über diese Farbflächen streichen, tragen Sie einen Teil der darunterliegenden Farbe ab, die der Vorzeichnung diente, so daß diese Linien vom Malgrund verschwinden. Die hellsten Bereiche der Muschel färben Sie mit Ocker ein, welches Sie mit den Fingern vermalen. Wie Sie sehen, integriert sich der Farbton des Papiers in die Palette der in diesem Bild verwendeten Farben.

4. Es ist sehr wichtig, die unterschiedlichen Wirkungen des Vermalens und des Übereinanderlegens von Schichten gründlich zu studieren. Dieser Ausschnitt ist ein gutes Beispiel dafür, wie eine Farbschicht in den Ton des Papiers integriert werden kann, indem man nur einen Teil ihres Randes verreibt, während sich der Rest deutlich vom Malgrund abhebt. Redon fand Gefallen daran, das Vermalen einzelner Stellen mit klaren Umrissen zu kombinieren: Er erzeugte so eine fast irreale Atmosphäre.

5. Tragen Sie schwarze Farbe auf der rechten Seite der Muschel auf, und verreiben Sie sie mit den Fingerspitzen über den Malgrund. Durch diesen Kunstgriff tritt die Muschel aufgrund des Kontrastes von Hell und Dunkel hervor. Vermalen Sie auf diese Weise alle Flächen mit dem Hintergrund, so tritt der Hauptgegenstand des Bildes ganz hervor, auf dem während des ganzen Malprozesses einzelne Striche deutlich zu erkennen sein werden.

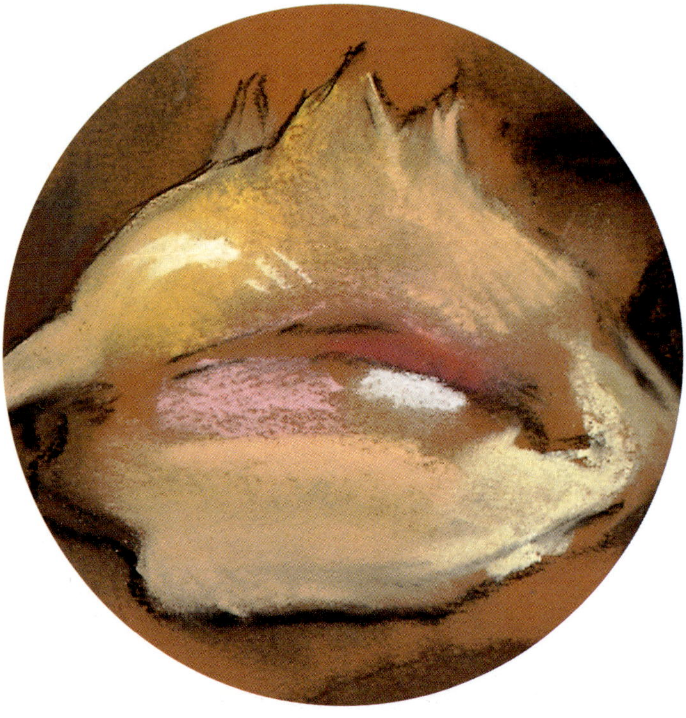

6. Die Striche sollen stets erkennbar bleiben, man verstärkt sogar die Konturen, damit der Kontrast zwischen beiden Maltechniken deutlicher zutage tritt. Nachdem Sie die weißlichen Töne im Innern mit einem rosa- und einem fleischfarbenen Hauch vermalt haben, färben Sie die linke Seite der Muschel mit hellem Ocker ein. Dieser neue Farbton wird wieder auf dem Hintergrund verwischt, und man setzt einige neue fleischfarbene Striche darüber. Verwischen Sie im unteren Teil der Muschel die hellen Farben, und zeichnen Sie die Umrisse noch einmal nach.

7. Die Pastellmalerei erweist sich als sehr praktisch, da mit trockenem Farbstaub gearbeitet wird. Es genügt, mit dem Lappen über das Papier zu wischen, um etwas Hintergrundfarbe abzutragen, an deren Stelle Sie dann wieder die kleine Muschel auf der rechten Seite der Komposition malen können. Diese ist nicht besonders gut zu erkennen, aber sie schafft einen Kontrapunkt im Gesamtbild. Falls die Farbe durch das Wischen mit dem Lappen verschmiert, können Sie auch einen Radiergummi benutzen, doch Sie sollten Sorge tragen, daß die freigelegte Stelle nicht allzu hell hervorsticht.

8. Konzentrieren Sie sich auf die Arbeit am Hintergrund, der die Muschel umgibt. Verwenden Sie dazu Blautöne, Schwarz und eine Farbe, die dem Ton des Papiers ähnelt. Beachten Sie, wie Odilon Redon feine Übergänge zwischen zahlreichen Pastelltönen erreichte. Dieses Spiel mit den Farben erzeugt im Gesamtbild einen interessanten visuellen Rhythmus. Im Innern der Muschel verwischen Sie mit den Fingern einige Stellen, die zu hart voneinander abgegrenzt waren.

9. Bringen Sie im ganzen Bild die endgültigen Kontraste an: Die schwarze Farbe verdunkelt die tiefsten Schatten; Rot begrenzt die hellsten Bereiche auf der Muschel, wodurch sich die Farbe des Papiers noch besser in das Gesamtbild integriert. Im unteren Teil des Hintergrundes verwendet man einen eher orangefarbenen Ton, um den Kontrast zur Muschel zu verstärken.

ZUSAMMENFASSUNG

Die Skizze wird mit schwarzer Pastellkreide gezeichnet; einige der gemalten Stellen werden völlig in den Hintergrund hineinverwischt.

Der Umriß der Muschel wird ständig neu gezeichnet, damit die klaren Linien erhalten bleiben.

Im Hintergrund kommen Farben zur Geltung, die zu den hellen Tönen der Muschel in starkem Kontrast stehen.

Im Innern der Muschel dient eine helle, verwischte Stelle als Grundlage für weitere und konkretere Töne.

So malte
Joaquim Mir
(Barcelona 1873–1940)

Landschaft

Seine ersten Bilder malte Mir im farbenfrohen Stil des Naturalismus, der für die Mittelmeerländer typisch ist. Sie dokumentieren auf malerische Weise die Welt der Vorstädte. Die Farbkontraste bilden bei Mir ein eigenständiges Thema. Ausgehend von den Einflüssen, die der Symbolismus und der Modernismus auf den Künstler ausübten, wurden seine Werke in späteren Schaffensphasen phantastischer und damit sehr viel ausdrucksvoller.

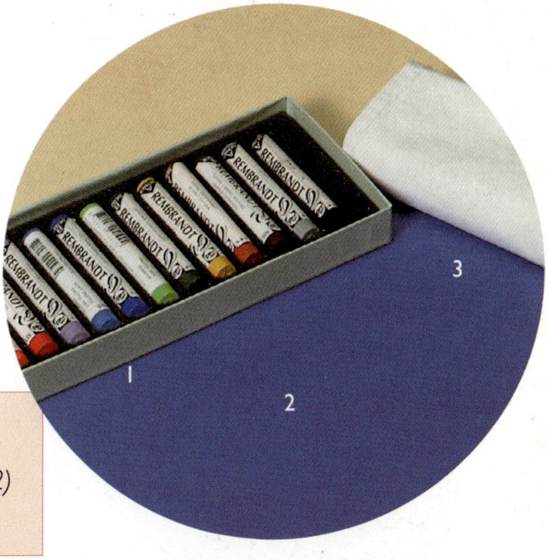

BENÖTIGTES MATERIAL

Pastellkreiden (1), blaues Papier (2) und Lappen (3).

In diesem Werk offenbart Mir sein Interesse für das Licht, welches zwischen den Bäumen hindurchscheint. Mit Pastellkreiden kann er helle Flächen auf dunkle setzen, indem er weitere Farbschichten aufträgt oder alte entfernt. Dieses Landschaftsbild ist ein schönes Beispiel dafür, wie man mit Pastellfarben eine spontane Maltechnik voller Farbtöne und Lichtspiele entwickeln kann. Sie werden in dieser Übung unterschiedliche Arten der Farbbehandlung wiedererkennen; einige Stellen wurden nur mit Linien gezeichnet, bei anderen handelt es sich um formlose Flächen. Die größte Schwierigkeit dieses Werks besteht darin, daß seine Struktur nicht auf Bildebenen, sondern auf Flächen beruht, die nicht so deutlich miteinander verknüpft sind wie bei den realistischeren, symbolistischen Motiven. Wichtig ist vor allem, die Lichteinflüsse zu studieren und zu beachten, daß der Farbton des Papiers überall hindurchscheint.

SCHRITT FÜR SCHRITT: Landschaft von Mir

1. Grundlegend ist es, die innere Struktur der darzustellenden Gegenstände zu verstehen und zu nutzen. Schon die Anordnung der Entwurflinien entscheidet über die Stabilität des Bildaufbaus. Arbeiten Sie beim Entwurf mit hellblauer Pastellkreide, um so eine Zeichnung zu erhalten, die zwar deutlich erkennbar ist, sich aber durch den ausgewählten Farbton problemlos in das Bild einfügt. Vermutlich ging Mir von einem ähnlichen Entwurf aus, denn auch ein abstraktes Bild verlangt eine ausgefeilte Komposition.

Der Entwurf sollte mit einem Farbton aufgetragen werden, der der Papierfarbe ähnelt und sich in die Palette der verwendeten Töne eingliedern kann.

2. Nachdem Sie das Kompositionsschema vervollständigt haben, können Sie damit beginnen, die ersten Farbtöne auf das Bild aufzutragen. Mit den ersten hellen Bereichen werden auch die primären Formen auf dem Malgrund festgelegt. Diese ersten Farbtupfer sorgen bereits dafür, daß die Farbe des Malgrundes mit den übrigen Farben des Bildes zusammenwirkt. Später werden Sie feststellen, daß sich die Farbe des Papiers immer stärker in das Bild integriert, bis es unmöglich ist, sie als solche auszumachen. Diese ersten Flächen werden mit der Seitenfläche der Kreide aufgetragen. Man streicht mit den Fingern über die gebrochene weiße Farbe des Hauses, um die Streifen zu verwischen.

3. Beim Vermalen der Farben auf dem Malgrund gelang es Mir, dessen Farbe vollständig in die des übrigen Bildes zu integrieren. Die auf diesem Bild verwendete Farbskala besteht aus kalten Farbtönen. Legen Sie die große, untere Fläche in einer Farbe an, die kaum mit dem Blau des Papiers kontrastiert. Der Bereich darüber wird hingegen sehr viel diffuser gestaltet: Dort vermalt man dieselbe grüne Farbe, die für den Boden verwendet wird, mit Neapelgelb.

Das Vermalen von Farben muß mit dem direkten Farbauftrag im Wechsel stehen. Auf diese Weise lassen sich Flächen auf dem Malgrund aussparen, die in dessen Farbton gemalt zu sein scheinen.

4. In diesem Ausschnitt können Sie sehen, wie der Baum im Vordergrund der Landschaft gestaltet wurde. Wenn Sie den Stamm in Grün angelegt haben – eine Farbe, die als Grundlage für die spätere Ausarbeitung seiner Struktur dienen wird –, tragen Sie mit der Fingerspitze etwas von der schwarzen Farbe der Zweige ab. Beide Töne werden so vermalt, daß sich das Schwarz im oberen Bereich des Baumes allmählich zum Grün hin abstuft.

SCHRITT FÜR SCHRITT: Landschaft von Mir

5. Die Formen werden deutlicher, wenn Sie die ersten Kontraste in schwarzer Farbe anbringen. Diese werden an der Türöffnung und am Schatten im Türrahmen des Eingangs rechts angebracht. Durch diesen Kunstgriff fügt sich das Blau des Papiers noch besser in die Farbpalette des Bildes ein. Parallel dazu wird auch weiße Pastellfarbe verwendet, mit welcher Sie helle Striche für den Boden auftragen können. Mit der Fingerspitze vermalen und verwischen Sie die Farben, welche vorher als flache Striche aufgemalt wurden. Mir gab das Licht wieder, indem er nach und nach sehr helle Farbtöne auftrug, die mit dunklen Strichen und der Farbe des Papiers im Wechsel stehen. Diese Verfahrensweise des Malers können Sie anhand der hellen Flächen des Bodens erkennen.

6. Betonen Sie den Kontrast, der den Baum im Vordergrund vom Hintergrund abhebt. Die dunkle Umrandung des Baumstammes verwischen Sie partiell in dessen Inneres hinein. Auf der Baumrinde legt man Striche in einer Farbe an, die dem Ton des Papiers sehr ähnelt, und dämpft diese dann noch einmal mit Grün ab.

7. Färben Sie mit elfenbeinfarbener Kreide die weißen Stellen an den Wänden ein, ohne dabei das Papier vollständig abzudecken. Lassen Sie den Hintergrund an verschiedenen Stellen durchscheinen. Die weißlichen Töne verreibt man auf dem Malgrund, um flüssige Übergänge zu erreichen. Da der blaue Hintergrund sichtbar bleiben soll, müssen Sie blaue Pastellkreide dazu verwenden, mit präzise aufgetragenen Strichen die Farbe des Papiers miteinzubeziehen, durch welche in diesem Fall ein Schattenbereich dargestellt wird. Zusätzlich zum blauen Farbauftrag schaffen Sie starke Kontraste durch weiße Striche und kleine schwarze Tupfer.

8. Im vorhergehenden Schritt wurde die Hintergrundfarbe für die Mauern aufgetragen. Über diese weißlich-grüne Farbschicht legen Sie nun neue Flächen, tragen die Striche dabei aber viel differenzierter auf. Die weißen Striche sollten länglich und geschwungen sein, die zusätzlichen Striche in grüner Farbe werden direkt mit der Spitze der Pastellkreide gezeichnet. Um den Eindruck dürren Laubes zu erzielen, verwischen Sie die Umrisse der Blätter. Beginnen Sie, mit der Spitze der schwarzen Pastellkreide einige Stellen zu begrenzen, Zweige etwa, oder auch die Textur der steinernen Wand rechts vom Baum.

Die stärksten Kontraste und die Lichtflächen spart man sich für die letzten Arbeitsschritte auf, da den Bildgegenständen erst zu diesem Zeitpunkt ihre endgültige Form gegeben wird.

9. Zum Abschluß dieser recht aufwendigen Pastellarbeit ziehen Sie ein paar lockere, grüne Striche im Bereich der Zweige. Mit blauer Farbe heben Sie einige Schatten hervor, wodurch sich einige ausgesparte Stellen des Malgrundes farblich in das Gesamtbild einfügen. In der Ecke links unten arbeitet man mit leichter Hand Gräser und Strukturen heraus, die teilweise mit den zuvor gemalten Farben vermalt werden. Auf diese Grundlage legt man ein paar konkrete Linien. Schließen Sie die Abbildung des Werkes von Joaquim Mir durch das Hinzufügen einiger Kontraste und Farbstriche ab.

ZUSAMMENFASSUNG

Die Zeichnung fertigt man mit einer hellen Farbe an, die dem Farbton des Papiers verwandt ist. So verschwinden die Linien, wenn man weitere Farben aufträgt.

Die blaue Farbe des Papiers muß stets etwas durchscheinen, damit sie sich in die Farbpalette des Gesamtbildes einfügt.

Die ersten Farbflächen sind hell und werden auf dem Papier vermalt, um als Grundlage für einen direkteren Farbauftrag zu fungieren.

Blaue Farbaufträge in den Schattenbereichen stellen erneut eine Verbindung zum Malgrund her.